Professor
Dr. Reinhold Pfeiffer/
Dr. Heidemarie Borgwadt

Gleichungen und Ungleichungen

ISBN 978-3-409-92135-0 ISBN 978-3-663-13367-4 (eBook)
DOI 10.1007/978-3-663-13367-4

Ursprünglich erschienen bei Betriebswirtschaftlicher Verlag Dr. Th. Gabler GmbH, Wiesbaden 1993.
Lektorat: Annegret Dorn
Satz: SATZPUNKT Ursula Ewert, Braunschweig

Die Deutsche Bibliothek – CIP-Einheitsaufnahme

Pfeiffer, Reinhold:
Gleichungen und Ungleichungen / Prof. Dr. Reinhold Pfeiffer;
Dr. Heidemarie Borgwadt. – 1. Aufl. Wiesbaden: Gabler, 1993
(Gabler-Studientexte)
ISBN 978-3-409-92135-0
NE: Borgwadt, Heidemarie:

Inhaltsverzeichnis

Verzeichnis der Rechenoperationen und Symbole

$+$: Addition, gelesen „plus“

$-$: Subtraktion, gelesen „minus“

$*$: Multiplikation, gelesen „mal“

$:$: Division, gelesen „durch“

$\sqrt{\ }$: Radizieren mit dem Wurzelexponenten 2, gelesen: „Quadratwurzel aus“, „Wurzel aus“

a^2 : Potenzieren mit dem Exponenten 2, Quadrieren, gelesen: „Basis a hoch Exponent 2“

a^n : Potenzieren mit dem Exponenten n, $n \in$ IR, gelesen: „a hoch n“

$\sqrt[n]{\ }$: Radizieren mit dem Wurzelexponenten $n \in$ IN, gelesen: „n-te Wurzel aus“

$x \in X$: x ist Element der Menge X
$x \notin Y$: x ist nicht Element der Menge Y
$a \in \{b, c, a\}$: a ist Element der Menge mit den Elementen b, c, a
$+\infty$: plus Unendlich
$-\infty$: minus Unendlich

Bezeichnungen für Zahlenbereiche:

IN: Zahlenbereich der natürlichen Zahlen (ohne Null)
IN_0: Zahlenbereich der natürlichen Zahlen mit Null oder der nichtnegativen ganzen Zahlen
IG: Zahlenbereich der ganzen Zahlen
IQ_0^*: Zahlenbereich der gebrochenen Zahlen
IQ: Zahlenbereich der rationalen Zahlen
II: Zahlenbereich der irrationalen Zahlen
IR: Zahlenbereich der reellen Zahlen

$X = Y$: Die Mengen X und Y sind gleich
X ç Y: Die Menge X ist eine Teilmenge von Y
$X \cup Y$: Vereinigungsmenge der Mengen X und Y
$X \cap Y$: Durchschnittsmenge der Mengen X und Y
A x B: Produktmenge der Mengen A und B

Bezeichnungen für Intervalle:

$(-\infty, +\infty)$ = IR	Links und rechts Intervall von $-\infty$ bis $+\infty$
$[a, b] = \{x \in$ IR: $a \leqq x \leqq b\}$	Links und rechts geschlossenes Intervall
$(a, b] = \{x \in$ IR: $a < x \leqq b\}$	Links offenes und rechts geschlossenes Intervall
$[a, b) = \{x \in$ IR: $a \leqq x < b\}$	Links geschlossenes und rechts offenes Intervall
$(a, b) = \{x \in$ IR: $a < x < b\}$	Links und rechts offenes Intervall

1. Gleichungen

Lernziele:

Sie wissen, was man unter zueinander äquivalenten Gleichungen versteht und beherrschen die Regeln zur äquivalenten Umformung von Gleichungen.

Sie können die Lösungsmengen von Gleichungen ersten, zweiten und teilweise auch dritten Grades bestimmen.

Praktische Probleme, die in Form von Textaufgaben formuliert sind, können Sie durch Gleichungen modellieren und lösen.

1.1 Begriff der Gleichung

Im ersten Lehrbrief haben Sie die Begriffe „Aussage" und „Aussageform" kennengelernt. Eine Aussage ist ein sprachliches Gebilde, dem man genau einen Wahrheitswert zuordnen kann. Ein sprachliches Gebilde, das mindestens eine freie Variable enthält und das man durch Belegung der freien Variablen mit den Elementen des Grundbereiches der freien Variablen in eine Aussage überführen kann, nennt man Aussageform.

Zur Einführung des Begriffes „Gleichung" ist es notwendig, den Begriff „Term" zu erklären. **Term**

Erklärung:

Ein Term ist

- eine natürliche Zahl, eine ganze Zahl, eine gebrochene Zahl, eine rationale Zahl oder eine reelle Zahl,
- eine beliebige Variable aus einem vorgegebenen Grundbereich. Den Grundbereich der Variablen nennt man auch den Definitionsbereich des Terms,
- eine Verbindung von Zahlen oder Variablen durch mathematische Operationszeichen +, −, *, ÷, $\sqrt{\ }$, $\sqrt[n]{\ }$, ^{2}, ^{n}, $\log_a$ ist wiederum ein Term.

Sind S und T beliebige Terme, so ist jede Verbindung von S und T durch mathematische Operationszeichen wieder ein Term.

In einem Term mit Variablen muß stets der Grundbereich der Variablen, das heißt der Definitionsbereich des Terms, angegeben werden. Falls keine Angaben vorliegen, ist stets der Zahlenbereich der reellen Zahlen der Definitionsbereich des Terms. Merke

Beispiel:

Geben Sie zu den folgenden Termen T den Definitionsbereich an.

1. $T = x + 3$
2. $T = \frac{2}{x+5}$
3. $T = \sqrt{x+3}$
4. $T = \log_3 (x-2)$

Lösung:

zu 1: Der Definitionsbereich von T ist identisch mit dem Zahlenbereich der reellen Zahlen, da die Addition in IR uneingeschränkt ausführbar ist.

zu 2: Der Term ist ein Quotient. In einem Quotienten darf der Nenner niemals 0 sein. Somit muß gelten $x + 5 \neq 0$, das heißt $x \neq -5$. Der Definitionsbereich des Terms ist somit die Menge der reellen Zahlen unter Ausschluß der reellen Zahl – 5.

zu 3: Da der Radikand einer Wurzel stets nicht negativ sein darf, wird gefordert $x + 3 \geq 0$, das heißt $x \geq -3$. Der Definitionsbereich ist also identisch mit der Menge der reellen Zahlen, die größer oder gleich – 3 sind. Der Definitionsbereich ist das linksgeschlossene und rechtsoffene Intervall von – 3 bis + ∞, $D(T) = [(-3, +\infty)$.

zu 4: Der Logarithmus einer reellen Zahl zu einer beliebigen Basis ist nur definiert für positive Numerie, das heißt $x - 2 > 0$. Somit ist der Defintionsbereich das offene Intervall von 2 bis + ∞, $D(T) = (2, +\infty)$.

Definition

> Ein mathematisches Gebilde heißt Gleichung genau dann, wenn zwei Terme T und S durch ein Gleichheitszeichen miteinander verbunden sind, $T = S$.

Beispiel:

1. $8 - 3$	$= 2 + 3$	
2. $15 + 4$	$= 21 - 5$	
3. $x + 3$	$= 6 - x,$	$x \in IR$
4. $2x - 8$	$= 10 - 5x,$	$x \in IR$
5. $(x - y)^2$	$= x^2 - 2xy + y^2,$	$x \in IR$
6. $(x + y)(x - y)$	$= x + y,$	$x \in IR$

Merke

Gleichungen, in denen keine Variablen enthalten sind, kann man genau einen Wahrheitswert, wahr oder falsch, zuordnen. Gleichungen ohne Variablen sind demzufolge Aussagen.

Gleichungen mit freien Variablen aus einem bestimmten Grundbereich sind Aussageformen. Durch Belegung der freien Variablen mit den Elementen des Grundbereiches werden die Gleichungen in Aussagen überführt.

Beispiel:

Überführen Sie die gegebenen Gleichungen durch Belegung der freien Variablen mit den Elementen der Grundbereiche in Aussagen. Geben Sie den Wahrheitswert der entstandenen Aussage an.

1. $x + 3 = 6 - x, \quad x \in \{1, 2, \frac{3}{2}\}$
2. $2x - 8 = 10 - 5x, \quad x \in \{3, \frac{18}{7}, 4\}$
3. $(x - y)^2 = x^2 - 2xy + y^2, \quad x \in \{3, 7\}, y \in \{1, 8\}$
4. $(x + y)(x - y) = x + y, \quad x \in \{4, 5\}, y \in \{-4, 4\}$
5. $x^2 = 5, \quad x \in \mathbb{Q}.$

Lösung:

zu 1: Für $x = 1$ entsteht eine falsche Aussage, denn $1 + 3 \neq 6 - 1$.
Für $x = 2$ entsteht eine falsche Aussage, denn $2 + 3 \neq 6 - 2$.
Für $x = 3/2$ entsteht eine wahre Aussage, denn $\frac{3}{2} + 3 = 6 - \frac{3}{2}$

zu 2: Für $x = 3$ entsteht eine falsche Aussage, denn $2 * 3 - 8 \neq 10 - 5 * 3$.
Für $x = \frac{18}{7}$ entsteht eine wahre Aussage, denn $2 * \frac{18}{7} - 8 = 10 - 5 * \frac{18}{7}$.
Für $x = 4$ entsteht eine falsche Aussage, denn $2 * 4 - 8 \neq 10 - 5 * 4$.

zu 3: Die Gleichung ist für alle x und für alle y aus den angegebenen Grundbereichen eine wahre Aussage.

zu 4: Die Gleichung ist nur dann eine wahre Aussage, wenn $x + y = 0$ oder ($x + y \neq 0$ und $x - y = 1$). Für ($x = 4$ und $y = -4$) oder ($x = 5$ und $y = 4$) entstehen wahre Aussagen. Für ($x = 4$ und $y = 4$) oder ($x = 5$ und $y = -4$) entstehen falsche Aussagen.

zu 5: Für jedes x aus dem Zahlenbereich der rationalen Zahlen ist die Gleichung eine falsche Aussage, denn es gibt keine rationale Zahl x, so daß $x^2 = 5$.

Definition

> Eine Menge D heißt Definitionsbereich einer Gleichung S = T genau dann, wenn D die Menge derjenigen Elemente x ist, für die gilt: x ist Element des Definitionsbereiches des Termes S und x ist Element des Definitionsbereiches des Termes T.

Beispiel:

Gegeben ist die Gleichung S = T. Ermitteln Sie die Definitionsbereiche der Terme S, T und S = T.

1. $\frac{x + 3}{x - 6} = \frac{4 - x}{x - 3}$
2. $\sqrt{x} = \sqrt{x - 4}$

Lösung:

zu 1: Der Term $\frac{x+3}{x-6}$ hat als Definitionsbereich die Menge der reellen Zahlen mit Ausnahme der reellen Zahl 6. Der Term $\frac{4-x}{x-3}$ hat die Menge aller reellen Zahlen außer der reellen Zahl 3 als Definitionsbereich. Der Definitionsbereich der Gleichung ist demzufolge die Menge der reellen Zahlen unter Ausschluß der reellen Zahlen 6 und 3.

zu 2: Der Term $\sqrt{x}$ hat als Definitionsbereich die Menge aller nicht negativen reellen Zahlen, das heißt, der Definitionsbereich D1 ist das rechtsoffene Intervall von 0 bis plus unendlich, $D1 = [0, +\infty)$. Der Term $\sqrt{x-4}$ ist definiert für alle reellen Zahlen x, für die gilt: $x - 4 \geq 0$. Der Defintionsbereich D2 ist somit das rechtsoffene Intervall von 4 bis plus unendlich, $D2 = [4, +\infty)$.

Um den Definitionsbereich D der Gleichung zu bestimmen, muß man den Durchschnitt der Definitonsbereiche beider Terme ermitteln.
$D = D1 \cap D2 = [0, +\infty) \cap [4, +\infty) = [4, +\infty)$.

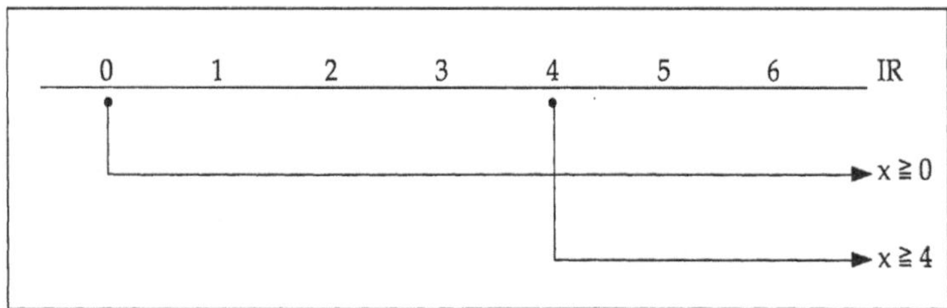

Definition

> Ein Element des Definitionsbereiches einer Gleichung heißt Lösung der Gleichung genau dann, wenn das Element die Gleichung in eine wahre Aussage überführt.

Definition

> Eine Menge L heißt Lösungsmenge einer Gleichung genau dann, wenn die Menge L alle Lösungen der Gleichung und keine weiteren Elemente enthält.

Beispiel:

Weisen Sie nach, daß $x = 2$ eine Lösung der Gleichung $12 - x = 6 + 2x$ ist.

Geben Sie die Lösungsmenge an.

Lösung:

Die reelle Zahl $x = 2$ ist eine Lösung der Gleichung, denn die Aussage $12 - 2 = 6 + 2 * 2$ ist wahr. Die Lösungsmenge der Gleichung ist die einelementige Menge $L = \{2\}$.

1.2 Umformungen von Gleichungen

Will man eine Gleichung lösen, so ist es im allgemeinen sinnvoll, die Gleichung zunächst umzuformen, um die Lösungsmenge zu ermitteln.

Beispiel:

Die Lösungsmenge der Gleichung $2x + 7 = 4x - 13$ ist $L = \{10\}$.

Weisen Sie nach, daß die Gleichungen

b) $2x = 4x - 13 - 7$ c) $2x - 4x = -20$ d) $-2x = -20$ und   e) $x = 10$

ebenfalls die Lösungsmenge $L = \{10\}$ haben.

Lösung:

Setzt man $x = 10$ in die Gleichungen ein, so entstehen wahre Aussagen.

zu b) $2 * 10 = 4 * 10 - 13 - 7$ zu c) $2 * 10 - 4 * 10 = -20$

zu d) $-2 * 10 = -20$ zu e) $10 = 10$

Definition

> Zwei Gleichungen heißen zueinander äquivalent genau dann, wenn sie in ihrem Definitionsbereich übereinstimmen und die gleiche Lösungsmenge besitzen.

Definition

> Umformungen von Gleichungen, die zu zueinander äquivalenten Gleichungen führen, werden als äquivalente Umformungen bezeichnet.

1.2.1 Regeln für äquivalente Umformungen von Gleichungen

Gegeben sei die Gleichung $S = T$ mit einem Definitionsbereich D und ein Term R, mit einem Definitionsbereich E. Der Definitionsbereich D der Gleichung ist eine Teilmenge des Definitionsbereiches des Termes R.

Regel 1:

$S = T$ äquivalent zu $T = S$.

In einer Gleichung kann man beide Seiten vertauschen.

Regel 2:

$S = T$ äquivalent zu $S \pm R = T \pm R$.

Auf beiden Seiten einer Gleichung darf man einen Term R addieren oder subtrahieren.

Regel 3:

$S = T$ äquivalent zu $S * R = T * R$, wobei $R \neq 0$ für jede Belegung der Variablen.

Beide Seiten einer Gleichung darf man mit einem Term R multiplizieren, der bei jeder Belegung der Variablen mit den Elementen seines Definitionsbereiches verschieden von Null ist.

Regel 4:

$S = T$ äquivalent zu $S : R = T : R$, wobei $R \neq 0$ für jede Belegung der Variablen.

Beide Seiten einer Gleichung darf man durch einen Term R dividieren, der bei jeder Belegung der Variablen mit den Elementen seines Definitionsbereiches verschieden von Null ist.

Beispiel:

Gegeben ist die Gleichung $-5x - 9 = 9 + 4x$. Der Definitionsbereich ist der Bereich der reellen Zahlen. Die Lösungsmenge der Gleichung ist $L = \{-2\}$.

a) Addiert man auf beiden Seiten der Gleichung den Term $R = 3x + 9$, so entsteht die Gleichung $-5x - 9 + (3x + 9) = 9 + 4x + (3x + 9)$. Die reelle Zahl -2 ist die einzige Lösung dieser Gleichung.

b) Subtrahiert man auf beiden Seiten der Gleichung den Term $R = 3x + 9$, so entsteht die Gleichung $-5x - 9 - (3x + 9) = 9 + 4x - (3x + 9)$, die die Lösungsmenge $L = \{-2\}$ besitzt.

c) Beide Seiten der gegebenen Gleichung darf man nur dann mit dem Term $R = 3x + 9$ multiplizieren, wenn $x \neq -3$ ist. Für $x \neq -3$ ist die Gleichung $(-5x - 9) * (3x + 9) = (9 + 4x) * (3x + 9)$ zur gegebenen Gleichung äquivalent und hat die Lösungsmenge $L = \{-2\}$.

d) Wenn $x \neq -3$, dann hat die Gleichung $(-5x - 9) : (3x + 9) = (9 + 4x) : (3x + 9)$ die gleiche Lösungsmenge wie die gegebene Gleichung.

1.2.2 Regeln für nicht äquivalente Umformungen von Gleichungen

Gegeben ist die Gleichung $S = T$ mit der Variablen x.

Regel 1:

Multipliziert man beide Seiten der Gleichung mit einem Term R, in dem die Variable x enthalten ist, so enthält die Lösungsmenge der neuen Gleichung $S * R = T * R$ im allgemeinen mehr Elemente als die Lösungsmenge der Ausgangsgleichung $S = T$.

Die Gleichung $-5x - 9 = 9 + 4x$ hat die Lösungsmenge $L = \{-2\}$.

Die Gleichung $(-5x - 9)(3x + 9) = (9 + 4x)(3x + 9)$ hat die Lösungsmenge $L = \{-2, -3\}$, was man durch eine Probe leicht nachprüfen kann.

Die Gleichungen $-5x - 9 = 9 + 4x$ und $(-5x - 9)(3x + 9) = (9 + 4x)(3x + 9)$ sind nicht äquivalent zueinander.

Regel 2:

Das Quadrieren beider Seiten einer Gleichung ist keine äquivalente Umformung.

Die Gleichung $-5x-9=9+4x$ hat die Lösungsmenge $L=\{-2\}$.

Die Gleichung $(-5x-9)^2=(9+4x)^2$ hat die Lösungsmenge $L=\{0,-2\}$.

Regel 3:

Dividiert man beide Seiten einer Gleichung durch einen Term R, in dem die Variable x enthalten ist, so hat die Lösungsmenge der Gleichung $S:R=T:R$ im allgemeinen weniger Elemente als die Ausgangsgleichung $S=T$.

Die Gleichung $(-5x-9)(3x+9)=(9+4x)(3x+9)$ hat die Lösungsmenge $L=\{-2,-3\}$. Dividiert man beide Seiten der Gleichung durch den Term $R=3x+9$, wobei $x\neq-3$, so hat die entstandene Gleichung $-5x-9=9+4x$ die Lösungsmenge $L=\{-2\}$. Beide Gleichungen sind also nicht äquivalent zueinander.

Regel 4:

Das Radizieren beider Seiten einer Gleichung ist keine äquivalente Umformung der Gleichung.

Die Gleichung $(x-1)^2=(2x+4)^2$ hat die Lösungsmenge $L=\{-1,-5\}$. Da die Gleichung $x-1=2x+4$ die Lösungsmenge $L=\{-5\}$ besitzt, sind beide Gleichungen nicht äquivalent zueinander.

1.3 Lineare Gleichungen mit einer gesuchten Variablen

Definition

Eine Gleichung $S=T$ heißt lineare Gleichung mit einer gesuchten Variablen x genau dann, wenn sich die Gleichung durch äquivalente Umformungen in die Form $ax+b=0$, mit $a\neq0$ bringen läßt. a und b sind vorgegebene Variablen oder Konstanten.

Merke

In einer linearen Gleichung ist die höchste Potenz der in ihr enthaltenen Variablen die erste Potenz. Lineare Gleichungen werden darum auch Gleichungen ersten Grades genannt.

Hinweis:

In der Gleichung $ax+b=0$ bezeichnet man das Glied ax, das die Variable enthält, als lineares Glied und b als absolutes Glied der Gleichung.

1.3.1 Numerische Lösung von linearen Gleichungen mit einer gesuchten Variablen

(1) Elementare Umformungsregeln

Beispiele:

Umformen nach x

1. Es ist die Lösungsmenge der Gleichung $x + 4 = 7$ zu bestimmen.

   Um die Variable x auf einer Seite zu isolieren, muß man zunächst die Struktur der Terme auf beiden Seiten der Gleichung analysieren. Der Term auf der linken Seite $x + 4$ ist eine Summe, in der der eine Summand die gesuchte Variable ist. Da die Umkehroperation der Addition die Subtraktion ist und sich Umkehroperationen bei Nacheinanderausführung aufheben, muß man auf beiden Seiten der Gleichung den Summanden 4 subtrahieren, um das absolute Glied auf der linken Seite zu entfernen. Es entstehen die zur gegebenen Gleichung äquivalenten Gleichungen $(x + 4) - 4 = 7 - 4$ und $x = 3$.

   Die Lösungsmenge der gegebenen Gleichung ist gleich der Lösungsmenge der zu ihr äquivalenten Gleichung $x = 3$ und demzufolge $L = \{3\}$. Nur die reelle Zahl 3 überführt die gegebene Gleichung in eine wahre Aussage.

2. Es ist die Lösungsmenge der Gleichung $x - 6 = 5$ zu ermitteln.

   Da die linke Seite der Gleichung eine Differenz ist, in der der Minuend die gesuchte Variable ist, muß man auf beiden Seiten der Gleichung den Subtrahenden 6 addieren, um x auf der linken Seite zu isolieren. Es entstehen die äquivalenten Gleichungen $(x - 6) + 6 = 5 + 6$ und $x = 11$. Die Menge $L = \{11\}$ ist somit die Lösungsmenge der gegebenen Gleichung.

3. Gesucht ist die Lösungsmenge der Gleichung $6 - x = 5$.

   Die linke Seite dieser Gleichung ist ebenfalls eine Differenz, in der der Subtrahend die gesuchte Variable ist. Addiert man auf beiden Seiten der Gleichung den Subtrahenden, so entstehen die äquivalenten Gleichungen $(6 - x) + x = 5 + x$ und $6 = 5 + x$. Subtrahiert man auf beiden Seiten dieser Gleichung die Konstante 5, so entsteht die Gleichung $1 = x$. Man kann auch beide Seiten der Gleichung vertauschen, so daß die äquivalente Gleichung $x = 1$ entsteht. Die Lösungsmenge der Ausgangsgleichung $6 - x = 5$ ist $L = \{1\}$.

4. Es ist die Lösungsmenge der Gleichung $3x = 15$ zu bestimmen.

   Die gesuchte Variable x soll auf der linken Seite der Gleichung isoliert werden. Die linke Seite der Gleichung ist von ihrer Struktur her ein Produkt. Da der konstante Faktor 3 auf der linken Seite beseitigt werden muß, wird die Gleichung auf beiden Seiten durch den Faktor 3 dividiert. Es entstehen die äquivalenten Gleichungen $(3x) : 3 = 15 : 3$ und $x = 5$. Die einzige Lösung der zur gegebenen Gleichung äquivalenten Gleichung $x = 5$ ist die reelle Zahl 5, so daß die Lösungsmenge der gegebenen Gleichung $L = \{5\}$ ist.

5. Gesucht ist die Lösung der Gleichung $-x = 5$.

   Das Charakteristische dieser Gleichung besteht darin, daß die Variable auf der linken Seite scheinbar isoliert ist, aber mit negativem Vorzeichen erscheint. Der Term auf der linken Seite der Gleichung kann wiederum als Produkt aufgefaßt werden, wobei der eine Faktor -1 ist, das heißt, die Gleichung kann in der Form $(-1)\,x = 5$ geschrieben werden. Um die gesuchte Variable auf der linken Seite zu isolieren, müssen beide

Seiten der Gleichung durch (– 1) dividiert werden. Es entstehen die äquivalenten Gleichungen $((-1)\,x) : (-1) = 5 : (-1)$ und $x = -5$. Somit ist die Lösungsmenge der gegebenen Gleichung $L = \{-5\}$.

6. Gesucht ist die Lösung der Gleichung $\frac{12}{x} = 4$, mit $x \neq 0$.

   Die linke Seite der Gleichung ist ein Quotient, dessen Divisor die gesuchte Variable x enthält. Um die gesuchte Variable auf einer Seite der Gleichung zu isolieren, muß man auf beiden Seiten der Gleichung die Umkehroperation der Division anwenden. Multipliziert man beide Seiten der Gleichung mit x, so entstehen die äquivalenten Gleichungen $\left(\frac{12}{x}\right) x = 4x$ und $12 = 4x$. Da auf der rechten Seite der Gleichung die Variable x als Faktor auftritt, muß man beide Seiten der Gleichung durch 4 dividieren, um x zu isolieren, $12 : 4 = (4x) : 4$. In der Gleichung $3 = x$ kann man beide Seiten vertauschen. Es entsteht die Gleichung $x = 3$. Somit ist die Lösungsmenge der gegebenen Gleichung $L = \{3\}$.

7. Gesucht ist die Lösung der Gleichung $\frac{x}{12} = 3$.

   Die erste Umformung sollte dazu führen, daß der Quotient auf der linken Seite der Gleichung beseitigt wird. Dazu werden beide Seiten mit dem Divisor 12 multipliziert. Es entstehen die äquivalenten Gleichungen

   $\left(\frac{x}{12}\right) * 12 = 3 * 12$ und $x = 36$. Damit ist $L = \{36\}$.

Merke

Ist die gesuchte Variable x durch eine Rechenoperation mit einer reellen Zahl oder einer gegebenen Variablen verbunden, so kann sie durch Ausführung der jeweiligen Umkehroperation auf beiden Seiten der Gleichung auf einer Seite der Gleichung isoliert werden.

Grundformen und Lösungsschritte:

1.	$a + x = b$	Subtraktion von a auf beiden Seiten der Gleichung
	$x = b - a$	
	$L = \{b - a\}$	Lösungsmenge der Ausgangsgleichung
2.	$x - a = b$	Addition von a auf beiden Seiten der Gleichung
	$x = b + a$	
	$L = \{a + b\}$	Lösungsmenge der Ausgangsgleichung
3.	$a - x = b$	Addition von x auf beiden Seiten der Gleichung
	$a = b + x$	Subtraktion von b auf beiden Seiten der Gleichung
	$a - b = x$	Vertauschen beider Seiten der Gleichung
	$x = a - b$	
	$L = \{a - b\}$	Lösungsmenge der Ausgangsgleichung
4.	$ax = b$	wobei $a \neq 0$ gefordert wird. Division beider Seiten der Gleichung durch a
	$x = b : a$	
	$L = \{b : a\}$	Lösungsmenge der Ausgangsgleichung
5.	$\frac{a}{x} = b$	wobei $a \neq 0$, $b \neq 0$ und $x \neq 0$ gefordert wird. Multiplikation beider Seiten der Gleichung mit x
	$a = bx$	Division beider Seiten der Gleichung durch b

$\frac{a}{b} = x$	Vertauschen beider Seiten der Gleichung
$x = \frac{a}{b}$	
$L = \{ \frac{a}{b} \}$	Lösungsmenge der Ausgangsgleichung

6. $\frac{x}{a} = b$ wobei $a \neq 0$ gefordert wird.
   Multiplikation beider Seiten der Gleichung mit a

$x = b * a$	nach dem Kommutativgesetz gilt $a * b = b * a$
$L = \{a * b\}$	Lösungsmenge der Ausgangsgleichung

Enthält eine Gleichung ersten Grades auf beiden Seiten sowohl lineare Glieder als auch absolute Glieder, so löst man diese durch systematisches Vorgehen:

1. Schritt: Zusammenfassung aller linearen Gieder auf der linken Seite und aller linearen Glieder auf der rechten Seite.

2. Schritt: Zusammenfassung aller absoluten Glieder auf der linken Seite und aller absoluten Glieder auf der rechten Seite.

3. Schritt: Ordnen der Gleichung, das heißt, durch Addition und Subtraktion gleicher Terme auf beiden Seiten der Gleichung werden die linearen Glieder auf der linken Seite und die absoluten Glieder auf der rechten Seite isoliert.

4. Schritt: Zusammenfassung der linearen Glieder auf der linken Seite und der absoluten Glieder auf der rechten Seite.

5. Schritt: Die Variable x wird auf der linken Seite isoliert.

Beispiel:

Ermitteln Sie die Lösungsmenge der Gleichung

$$3x - 4 + 2x - 2 = 5x + 29 - 8x - 3$$

Lösungsschritte:

1. Zusammenfassen der linearen Glieder auf beiden Seiten:
   (Es empfiehlt sich, die linearen Glieder zu unterstreichen.)

$$\underline{3x} - 4 + \underline{2x} - 2 = \underline{5x} + 29 - \underline{8x} - 3$$
$$5x - 4 - 2 = -3x + 29 - 3$$

2. Zusammenfassen der absoluten Glieder auf beiden Seiten:

$$5x - 6 = -3x + 26$$

3. Ordnen der Gleichung (Addition von 6 + 3x auf beiden Seiten):

$$(5x - 6) + (6 + 3x) = (-3x + 26) + (6 + 3x)$$
$$8x = 32$$

4. Isolieren von x (Division beider Seiten durch 8):

$$x = 4$$

Zur Probe setzen wir die Lösung der Gleichung x = 4 in die Ausgangsgleichung ein. Es entsteht die wahre Aussage

$$3 * 4 - 4 + 2 * 4 - 2 = 5 * 4 + 29 - 8 * 4 - 3$$
$$14 = 14$$

Die Lösungsmenge der Ausgangsgleichung ist somit L = {4}.

(2) Gleichungen mit Klammerausdrücken

Wenn in einer Gleichung Klammerausdrücke vorkommen, so sind vor dem Ordnen zunächst die Klammern aufzulösen. **Merke**

Beispiel:

Ermitteln Sie die Lösungsmenge der Gleichung

$$3x + 3 - (8x - 30) = 2x - 4 - (5 - 7x) - (6 + 2x)$$

1. Schritt: Auflösung der Klammern:

$$\underline{3x} + 3 - \underline{8x} + 30 = 2x - 4 - 5 + \underline{7x} - 6 - \underline{2x}$$

2. Schritt: Zusammenfassen der linearen Glieder und der absoluten Glieder auf beiden Seiten der Gleichung:

$$-5x + 33 = 7x - 15$$

3. Schritt: Isolieren der linearen Glieder auf der linken Seite und der absoluten Glieder auf der rechten Seite:

$$-12x = -48$$

4. Schritt: Isolieren von x auf der linken Seite:

$$x = 4$$

Die Probe ergibt eine wahre Aussage für die Ausgangsgleichung.

$$3 * 4 + 3 - (8 * 4 - 30) = 2 * 4 - 4 - (5 - 7 * 4) - (6 + 2 * 4)$$
$$12 + 3 - (32 - 30) = 8 - 4 - (5 - 28) - (6 + 8)$$
$$13 = 13$$

Die Lösungsmenge der Ausgangsgleichung ist L = {4}.

(3) Quotientengleichungen

Sind in einer Gleichung Quotienten enthalten, so muß man zunächst durch Multiplikation beider Seiten der Gleichung mit einem geeigneten Term alle Quotienten beseitigen. Bestehen die Nenner sämtlicher in der Gleichung enthaltenen Quotienten aus natürlichen Zahlen, so multipliziert man beide Seiten der Gleichung mit dem Hauptnenner. **Merke**

Beispiel:

Ermitteln Sie die Lösungsmenge der Gleichung

Gesuchte Variable im Zähler

$$\frac{3x-6}{4} - \frac{x-6}{6} = \frac{-x+4}{9} - \frac{-5x-2}{12}$$

1. Schritt: Ermittlung des Hauptnenners und der Erweiterungsfaktoren:

$4 = 2 * 2$	9
$6 = \quad 2 * 3$	6
$9 = \quad\quad 3 * 3$	4
$12 = 2 * 2 * 3$	3
$2 * 2 * 3 * 3 \quad =$	36 Hauptnenner

2. Schritt: Mulitplikation beider Seiten der Gleichung mit dem Hauptnenner. Beachten Sie, daß jeder einzelne Summand mit dem Hauptnenner multipliziert werden muß. Es treten dann keine Quotienten mehr auf.

$$9\,(3x-6) - 6\,(x-6) = 4\,(-x+4) - 3\,(-5x-2)$$

3. Schritt: Ausmulitplizieren der Klammern:

$$27x - 54 - 6x + 36 = -4x + 16 + 15x + 6$$

4. Schritt: Zusammenfassen der linearen Glieder und der absoluten Glieder auf beiden Seiten der Gleichung:

$$21x - 18 = 11x + 22$$

5. Schritt: Isolieren der linearen Glieder auf der linken Seite und der absoluten Glieder auf der rechten Seiten:

$$10x = 40$$

6. Schritt: Isolieren von x auf der linken Seite:

$$x = 4$$

Bei den notwendigen umfangreichen Umformungen sollte zur Sicherheit immer die Probe durchgeführt werden.

Probe:

$$\frac{6}{4} - \frac{-2}{6} = \frac{0}{9} - \frac{-22}{12}$$

$$\frac{3}{2} + \frac{1}{3} = \frac{11}{6}$$

Die Gleichung $\frac{11}{6} = \frac{11}{6}$ ist eine wahre Aussage.

Die Lösungsmenge der Gleichung ist $L = \{4\}$.

Beispiel:

Gesuchte Variable im Nenner

Zu lösen ist die Quotientengleichung

$$\frac{2}{2-x} - \frac{3}{2+x} = \frac{8}{4-x^2}, \quad x \in R,\ x \neq 2,\ x \neq -2$$

Das Charakteristische an dieser Gleichung besteht darin, daß die gesuchte Variable im Nenner steht. Um die Quotienten zu beseitigen, muß man die Gleichung auf beiden Seiten mit einem geeigneten Term T multiplizieren. Dieser Term T kann das Produkt aller Nenner sein, $T = (2-x)(2+x)(4-x^2)$. Sinnvoller Weise geht man analog zu der Bestimmung des Hauptnenners von Brüchen vor.

$$\begin{aligned} 2-x &= (2-x) \\ 2+x &= \ (2+x) \\ 4-x^2 &= \underline{(2-x)(2+x)} \\ & \ (2-x)(2+x) \end{aligned}$$

Werden beide Seiten der Quotientengleichung mit dem Hauptnenner multipliziert, so entsteht eine Gleichung ohne Quotienten. Diese Gleichung ist nur dann äquivalent zu der Ausgangsgleichung, wenn $x \neq 2$ und $x \neq -2$.

$$\begin{aligned} 2(2+x) - 3(2-x) &= 8 \\ 4+2x - 6+3x &= 8 \\ 5x - 2 &= 8 \\ 5x &= 10 \\ x &= 2 \end{aligned}$$

Durch eine Probe ist zu prüfen, ob die Lösung der Gleichung $x = 2$ auch eine Lösung der Ausgangsgleichung ist. Da x nicht zum Defintionsbereich der Ausgangsgleichung gehört, kann x nicht Lösung der gegebenen Gleichung sein. Die Lösungsmenge der Ausgangsgleichung ist somit die leere Menge, $L = \phi$.

Beispiel:

Variable in Zähler und Nenner

Ermitteln Sie die Lösungsmenge der Quotientengleichung:

$$\frac{x}{x-1} - \frac{x}{x+2} = \frac{x+4}{x^2+x-2} \quad \text{mit } x \in \mathbb{R}, x \neq 1, x \neq -2$$

Der Hauptnenner der drei in der Gleichung enthaltenen Nenner ist $(x-1)(x+2)$, denn $(x-1)(x+2) = x^2+x-2$. Multipliziert man beide Seiten der Gleichung mit dem Hauptnenner, so entsteht eine Gleichung ohne Quotienten.

$$\begin{aligned} x(x+2) - x(x-1) &= x+4 \\ x^2+2x - x^2+x &= x+4 \\ 3x &= x+4 \\ 2x &= 4 \\ x &= 2 \end{aligned}$$

Probe: $\frac{2}{(2-1)} - \frac{2}{(2+2)} = \frac{(2+4)}{(2^2+2-2)}$

$$2 - \frac{1}{2} = \frac{6}{4}$$

$$\frac{3}{2} = \frac{3}{2} \quad \text{wahre Aussage}$$

Die Lösungsmenge der Ausgangsgleichung ist $L = \{2\}$.

1.3.2 Textaufgaben

Dieser Aufgabentyp umfaßt nicht nur das mechanische Lösen von Gleichungen, sondern schließt das oftmals schwierigere Aufstellen einer Gleichung ein. Zur Lösung einer sogenannten Textgleichung empfiehlt es sich, folgenden Weg einzuschlagen:

Lösung von Textgleichungen

1. Schritt: Analyse des Textes. Dabei werden die gegebenen Größen und die gesuchte Größe ermittelt.

2. Schritt: Die gesuchte Größe wird mit einer Variablen bezeichnet. Gegebenenfalls sollte festgehalten werden, in welcher Einheit die gesuchte Größe angegeben werden muß. Die Einheiten der gegebenen Größen und der gesuchten Größe sind in Übereinstimmung zu bringen.

3. Schritt: Ermittlung des Lösungsansatzes. In den hier zu behandelnden Aufgaben kann eine Gleichung aufgestellt werden, die die Beziehungen zwischen den gegebenen Größen und der gesuchten Größe widerspiegelt. In der Gleichung sollten die Einheiten der gegebenen und der gesuchten Größen nicht enthalten sein.

4. Schritt: Ermittlung der Lösungsmenge der Gleichung.

5. Schritt: Probe am Text.

6. Schritt: Formulierung der Lösung der Textaufgabe in einem Antwortsatz.

Eine einfache Form von Textaufgaben stellen die sogenannten Zahlenrätsel dar:

Beispiele:

1. Das Dreifache einer Zahl, vermehrt um 2, ist genauso groß wie das Vierfache derselben Zahl, vermindert um 1.

   Lösung:

   Die gesuchte Zahl werde mit x bezeichnet. Der Lösungsansatz lautet $3x + 2 = 4x - 1$. Die Lösungsmenge der Gleichung ist $L = \{3\}$.

   Antwortsatz: Das Dreifache von 3 (9), vermehrt um 2 (11), ist genauso groß wie das Vierfache von 3 (12), vermindert um 1 (11).

2. Wenn man eine Zahl durch 3 dividiert und zu dem entstandenen Quotienten die Zahl 5 addiert, so erhält man das Doppelte der gegebenen Zahl.

   Lösung:

   Die gesuchte Zahl werde mit x bezeichnet. Der Lösungsansatz lautet

$$\frac{x}{3} + 5 = 2x$$

$$\frac{x}{3} - 2x = -5$$

$$x - 6x = -15$$

$$x = 3$$

   Die Lösungsmenge ist $L = \{3\}$. Die gesuchte Zahl ist 3.

Textaufgaben beziehen sich häufig auf Zusammenhänge, denen Sie im täglichen Leben begegnen, und auf Probleme aus Wissenschaftsgebieten wie der Geometrie, der Physik, der Chemie und der Betriebswirtschaftslehre. Nachfolgende Beispiele sollen die Herangehensweise an derartige Aufgaben erläutern.

Beispiele:

1. Es sollen 90 000,– DM auf drei Personen aufgeteilt werden. Die zweite Person soll doppelt so viel Geld erhalten wie die erste Person und die dritte Person soll dreimal so viel Geld erhalten wie die zweite Person. Wieviel Geld erhalten die einzelnen Personen?

   Lösung:

   a) Gegeben ist der Gesamtbetrag von 90 000,– DM.

   Gesucht sind die Beträge, die drei verschiedene Personen erhalten.

   b) x = Betrag, den die erste Person erhält (gemessen in DM)

   y = Betrag, den die zweite Person erhält (gemessen in DM)

   z = Betrag, den die dritte Person erhält (gemessen in DM)

   $y = 2x$ und $z = 3y$, daraus folgt $z = 3\,(2x) = 6x$

   c) $x + y + z = 90\,000$

   d)
   $$\begin{aligned} x + 2x + 6x &= 90\,000 \\ 9x &= 90\,000 \\ x &= 10\,000 \\ y &= 20\,000 \\ z &= 60\,000 \end{aligned}$$

   e) Die Probe am Text liefert eine wahre Aussage.

   f) Die erste Person erhält 10 000,– DM, die zweite Person erhält 20 000,– DM, und die dritte Person erhält 60 000,– DM.

2. Eine bestimmte Flüssigkeit kostet 0,40 DM/Liter, eine zweite Flüssigkeit 0,60 DM/Liter. Welche Menge der ersten Flüssigkeit muß man mit 30 Litern der zweiten Flüssigkeit mischen, damit das Gemisch 0,47 DM/Liter kostet?

   Lösung:

   a) Gegeben:

   a_1: Preis für 1 Liter von Flüssigkeit I, $a_1 = 0{,}40$ DM/l,

   a_2: Preis für 1 Liter von Flüssigkeit II, $a_2 = 0{,}60$ DM/l,

   m_2: Menge der vorhandenen Flüssigkeit II, $m_2 = 30$ Liter

   g: Preis für 1 Liter Gemisch, $g = 0{,}47$ DM/l

   b) Gesucht:

   x: Menge von Flüssigkeit I (gemessen in Litern)

c) Wenn x Liter der Flüssigkeit I erforderlich sind, dann beträgt die Menge des Gemisches m = x + 30, gemessen in Litern.

x Liter von Flüssigkeit I kosten $a_1 * x$ DM. Der Term $a_1 * x$ hat die Einheit (DM/Liter) * Liter = DM.

Wenn 1 Liter von Flüssigkeit II 0,60 DM kostet, dann kosten:
30 Liter $a_2 * m_2 = 0{,}60$ DM/Liter * 30 Liter = 1,80 DM.

Wenn 1 Liter des Gemisches 0,47 DM kostet, dann kosten:
(x + 30) Liter $g * (x + 30) = 0{,}47$ (DM/Liter) * (x + 30) Liter = 0,47 (x + 30) DM.

Lösungsansatz: $0{,}40x + 0{,}60 * 30 = 0{,}47\,(x + 30)$

d) Lösung:

$$0{,}40x + 18 = 0{,}47x + 14{,}1$$
$$-0{,}07x = -3{,}9$$
$$x = \frac{390}{7}$$
$$x \approx 55{,}7$$

e) Die Probe am Text ergibt eine wahre Aussage.

f) Es sind ca. 55,7 Liter der Flüssigkeit I, die 0,40 DM/Liter kostet, erforderlich.

3. Ein Unternehmen produziert auf einer Maschine zwei verschiedene Erzeugnisse E_1 und E_2. Die benötigte Zeit (Maschinenzeit) pro 1 EE (Erzeugniseinheit) jedes Erzeugnisses und die gesamte zur Verfügung stehende Maschinenzeit sind der Tabelle zu entnehmen:

	E_1	E_2	Gesamte Maschinenzeit (in Minuten)
Maschinenzeit pro EE (gemessen in Minuten/EE)	20	10	1100

Von Erzeugnis E_2 werden 30 EE produziert. Wieviel Erzeugniseinheiten des Erzeugnisses E_1 muß das Unternehmen produzieren, damit die zur Verfügung stehende Maschinenzeit voll ausgelastet wird?

Lösung:

a) Gegeben:

t_1: Maschinenzeit für eine Erzeugniseinheit von E_1
$t_1 =$ 20 min/EE

t_2: Maschinenzeit für eine Erzeugniseinheit von E_2
$t_2 =$ 10 min/EE

t: Gesamtzeit des Einsatzes der Maschinen
t = 1100 min

x_2: zu produzierende Erzeugniseinheiten von E_2
$x_2 =$ 30 EE

b) Gesucht:

x_1: Menge der zu produzierenden Erzeugniseinheiten von E_1 (gemessen in EE)

c) Wenn für die Produktion von 1 EE des Erzeugnisses E_1 $t_1 = 20$ min/EE benötigt werden, dann werden für die Produktion von x_1 Erzeugniseinheiten von E_1 $t_1 * x_1 = 20x_1$ (min/EE) * EE = $20x_1$ min benötigt.

Da für die Produktion von 1 EE des Erzeugnisses E_2 $t_2 = 10$ min/EE benötigt werden, werden 30 EE von E2 in $t_2 * x_2 = 10 * 30$ (min/EE) * EE = 300 min produziert.

d) Lösungsansatz: $20x_1 + 10 * 30 = 1100$

Lösung: $20x_1 = 800$

$x_1 = 40$

e) Die Probe am Sachverhalt ergibt eine wahre Aussage.

f) Um die gesamte Maschinenzeit voll auszulasten, muß der Unternehmer vom Erzeugnis E_1 40 Einheiten produzieren.

1.4 Verhältnisse und Verhältnisgleichungen

1.4.1 Der mathematische Begriff Verhältnis

Eine wichtige Gruppe innerhalb der linearen Gleichungen bilden die sogenannten Verhältnisgleichungen.

Oftmals ist es für den Vergleich zweier Größen günstiger, den Quotienten dieser Größen zu kennen als ihre absoluten Maßzahlen.

Quotienten oftmals informativer

Beispiel:

Bei der Stimmenauszählung nach einer Wahl wird festgestellt, daß die Partei A 11 228 319 Stimmen und die Partei B 33 684 957 Stimmen erhalten hat. Zunächst sollen folgende Bezeichnungen eingeführt werden:

a: Anzahl der Stimmen für die Partei A,

b: Anzahl der Stimmen für die Partei B.

Die Differenz der Stimmen von Partei B und Partei A beträgt $b - a = 22\,456\,638$, das heißt, Partei B hat absolut gesehen 22 456 638 Stimmen mehr als Partei A.

Eine Größe, die besser über den Wahlausgang informiert, ist der Quotient der beiden Größen.

$$\frac{b}{a} = \frac{33\,684\,957}{11\,228\,319} = \frac{3}{1}.$$

Man kann auch sagen:

- Die Anzahl der Stimmen für Partei B verhält sich zu der Anzahl der Stimmen für Partei A wie 3 zu 1.
- Das Stimmenverhältnis von Partei B zu Partei A beträgt 3 zu 1 (3:1).
- Partei B hat das Dreifache der Stimmen von Partei A.

Merke **Um zwei Größen a und b miteinander vergleichen zu können, bildet man häufig den Quotienten a : b und bezeichnet ihn als Verhältnis von a zu b.**

Die Größen a und b nennt man Glieder des Verhältnisses. a heißt auch Vorderglied und b Hinterglied. Für Verhältnisse gelten die gleichen Rechenregeln wie für Brüche bzw. Quotienten. Man darf demzufolge Zähler und Nenner mit einem Term multiplizieren, der bei jeder Belegung der Variablen ungleich Null ist. Ebenso darf man Zähler und Nenner durch einen Term dividieren, unter der Voraussetzung, daß er bei jeder Belegung der Variablen mit den Elementen seines Definitionsbereiches ungleich Null ist.

Beispiele:

1. Drücken Sie die Werte der nachstehenden Verhältnisse durch die kleinsten natürlichen Zahlen aus. Die Variablen sind stets ungleich Null.

   a) 6a : 3a b) 96kg : 36kg c) 96km : 216km d) $(0{,}4p^2q) : (3{,}6p^2q)$

   Lösungen:

   zu a) 2 : 1 zu b) 8 : 3 zu c) 4 : 9 zu d) 1 : 9

2. Formen Sie die Verhältnisse so um, daß das Hinterglied den Wert 1 hat.

   a) 40m : 32m b) $0{,}5a^2 : 0{,}25a$ c) $(x^2 - y^2) : (x + y)$ d) $0{,}15u^2 : 0{,}6u$

   Lösungen:

   zu a) 1,25 : 1 zu b) 2a : 1 zu c) (x – y) : 1 zu d) (0,25u) : 1

3. Es werde angenommen, daß ein zu untersuchender Straßenabschnitt absolut gerade ist und eine bestimmte Steigung besitzt.

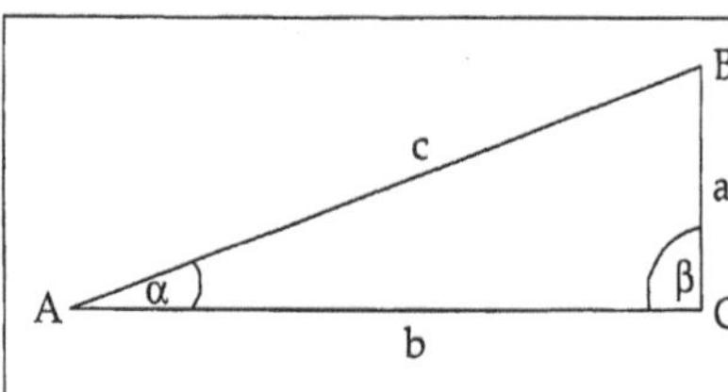

AB: Gerader Straßenabschnitt
AC: Strecke (Grundlinie)
CB: Höhenunterschied zwischen C und B
α : Steigungswinkel
β = 90°

Die Steigung des betrachteten geraden Straßenabschnittes AB kann man durch verschiedene Quotienten ausdrücken. Die Strecke c = AB, die Strecke b = AC und der rechte Winkel im Punkt C legen das Dreieck ABC eindeutig fest.

In der Mathematik und Physik bezeichnet man das Verhältnis der Strecke a = CB zu der Strecke b = AC als Anstieg der Geraden durch A und B im Punkt A. Das Verhältnis der Strecke a zu der Strecke b wird als ein Maß für die Steigung der Strecke c angesehen. Durch die Strecken a und b ist die Größe des Winkels α eindeutig festgelegt. Den Quotienten a:b bezeichnet man in der Mathematik auch mit tan α (Tangens des Winkels α).

Somit gilt: $\tan \alpha = a : b$.

- Wenn die Strecke a gleich lang ist wie die Strecke b, dann gilt $\tan \alpha = 1$. Der gerade Straßenabschnitt steigt dann in einem Winkel von 45°.
- Wenn das Verhältnis der Strecke a zur Strecke b größer als 1 ist, dann ist der Anstieg des geraden Straßenabschnitts größer als 45°.

- Wenn tan $\alpha < 1$, dann $\alpha < 45°$, das heißt, der Straßenabschnitt hat eine geringere Steigung als 45°.

4. Ein Unternehmen weist in seinem Jahresbericht einen Gewinn G in Höhe von 10 000 DM aus. Das in diesem Jahr eingesetzte Eigenkapital EK wurde mit 80 000 DM angegeben. Der Quotient G : EK widerspiegelt das Verhältnis des erzielten Gewinns zum eingesetzten Eigenkapital und gibt Aufschluß über die Rentabilität des Unternehmens.

Eigenkapitalrentabilität

$$\frac{G}{EK} = \frac{10\,000}{80\,000} = \frac{1}{8} = \frac{0{,}125}{1} = 0{,}125.$$

Das Verhältnis G : EK bezeichnet man in der Betriebswirtschaftslehre auch als Eigenkapitalrentabilität. Die Eigenkapitalrentabilität des betrachteten Unternehmens beträgt somit 0,125, das heißt, pro einer Einheit eingesetztem Eigenkapital wurden im betrachteten Zeitraum 0,125 Einheiten Gewinn erzielt.

In Jahresbilanzen von Unternehmen werden verschiedene Verhältnisse gebildet, um Aufschluß über die Unternehmensentwicklung zu erhalten. Man spricht in der Betriebswirtschaft von „Kennzahlen".

1.4.2 Verhältnisgleichungen

Definition

Eine Gleichung heißt **Verhältnisgleichung** oder **Proportion** genau dann, wenn zwei Verhältnisse durch ein Gleichheitszeichen miteinander verbunden sind:

$$\frac{a}{b} = \frac{c}{d} \quad \text{oder} \quad a : b = c : d.$$

Hinweise:

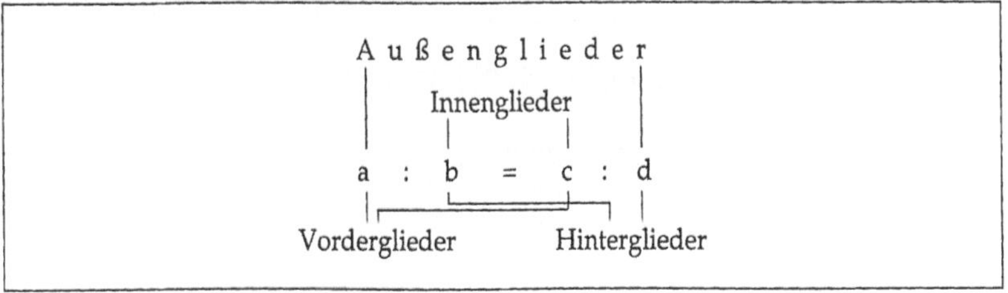

Für Verhältnisgleichungen gelten die gleichen Umformungsregeln wie für Gleichungen. Die folgenden Regeln für Verhältnisgleichungen sind somit mit den Umformungsregeln für Gleichungen beweisbar.

Umformungsregeln wie für Gleichungen

Regel 1:

In einer Proportion ist das Produkt der Außenglieder gleich dem Produkt der Innenglieder, das heißt wenn $a : b = c : d$, dann $a * d = b * c$.

Jede Verhältnisgleichung läßt sich somit in eine Produktgleichung umformen, was für die Ermittlung einer gesuchten Variablen vorteilhaft ist.

Regel 2:

In einer Proportion darf man die Innenglieder miteinander vertauschen, das heißt, wenn a : b = c : d, dann a : c = b : d.

Regel 3:

In einer Proportion darf man die Außenglieder miteinander vertauschen, das heißt, wenn a : b = c : d, dann d : b = c : a.

Regel 4:

In einer Proportion darf man die Außenglieder gegen die Innenglieder vertauschen, das heißt, wenn a : b = c : d, dann b : a = d : c.

Beispiele:

1. Die Preise zweier Waren, die mit W_1 und W_2 bezeichnet werden sollen, verhalten sich wie 2 : 3. Die Ware W_1 kostet 2,70 DM.

   Wieviel kostet die Ware W_2?

   Lösung:

   Gegeben: x_1 : Preis der Ware W_1, $x_1 = 2{,}70$ DM,
   Verhältnis der Preise der Waren W_1 und W_2

   Gesucht: x_2 : Preis der Ware W_2

   Lösungsansatz:

   $$x_1 : x_2 = 2:3$$
   $$2{,}70 : x_2 = 2:3$$

   Lösung: Die Proportion wird nach Regel 1 in eine Produktgleichung umgeformt.

   $$2 * x_2 = 3 * 2{,}70$$
   $$x_2 = 4{,}05$$

   Probe: 2,70 DM verhält sich zu 4,05 DM wie 2 zu 3, denn 2,70 DM * 3 = 4,05 * 2.

   Die Ware W_2 kostet 4,05 DM.

2. Bei Aufstellung einer Betriebsabrechnung sollen die Gemeinkosten GK in Höhe von GK = 2 500 DM auf zwei Fertigungskostenstellen K_1 und K_2 im Verhältnis der angefallenen Fertigungslöhne aufgeteilt werden.

   Kostenstelle K_1 hat Fertigungslöhne L_1 in Höhe von $L_1 = 8\,700$ DM.
   Kostenstelle K_2 hat Fertigungslöhne L_2 in Höhe von $L_2 = 5\,800$ DM.

   Welche Kosten werden den beiden Kostenstellen zugeschrieben?

   Wie groß sind die Gemeinkostenanteile jeder Kostenstelle?

Lösung:

Gegeben: $GK = 2\,500$ DM

$FL_1 = 8\,700$ DM

$FL_2 = 5\,800$ DM

Gesucht: x_1 : Kosten, die der Kostenstelle K_1 zugeschrieben werden

x_2 : Kosten, die der Kostenstelle K_2 zugeschrieben werden

$\frac{x_1}{GK}$: Anteil der Kosten von K_1 an den Gemeinkosten

$\frac{x_2}{GK}$: Anteil der Kosten von K_2 an den Gemeinkosten

Lösungsansatz:

$$x_1 : x_2 = 8\,700 : 5\,800$$

Da $x_1 + x_2 = 2\,500$ entsteht die Verhältnisgleichung:

$$x_1 : (2\,500 - x_1) = 8\,700 : 5\,800$$

Die Proportion wird zunächst in eine Produktgleichung umgewandelt.

$$\begin{aligned}
5\,800x_1 &= 8\,700\,(2\,500 - x_1) \\
5\,800x_1 &= 21\,750\,000 - 8\,700x_1 \\
14\,500x_1 &= 21\,750\,000 \\
x_1 &= 1\,500 \\
x_2 &= 2\,500 - x_1 \\
x_2 &= 1\,000
\end{aligned}$$

$$\frac{x_1}{2\,500} = \frac{1\,500}{2\,500} = \frac{3}{5} \quad \text{und} \quad \frac{x_2}{2\,500} = \frac{1\,000}{2\,500} = \frac{2}{5}$$

Der Kostenstelle K_1 werden Kosten in Höhe von 1 500,– DM und der Kostenstelle K_2 Kosten in Höhe von 1 000,– DM zugeschrieben.

Kostenstelle K_1 erhält einen Anteil an den Gemeinkosten von 3/5 und Kostenstelle K_2 erhält einen Gemeinkostenanteil von 2/5.

3. Lösen Sie die folgenden Verhältnisgleichungen:

a) $x : 4 = 3 : 5$

b) $(x + 7) : 3 = (x - 1) : 4$

c) $5 : (9 + x) = 2 : 18$

Lösungen:

zu a) Die Gleichung ist äquivalent zu der Gleichung $5x = 12$. Die Lösungsmenge der Gleichung ist $L = \{2{,}4\}$.

zu b) Die Gleichung kann in die Produktgleichung $4(x + 7) = 3(x - 1)$ umgewandelt werden. Die Lösungsmenge der Gleichung ist $L = \{-31\}$.

zu c) Da das Produkt der Innenglieder gleich dem Produkt der Außenglieder ist, entsteht die Gleichung $2(9 + x) = 90$. Diese Gleichung hat die Lösungsmenge $L = \{36\}$.

1.4.3 Prozentrechnung

In der Prozentrechnung werden Verhältnisgleichungen angewandt. Da 1 % (ein Prozent) einer Größe G der hundertste Teil dieser Größe ist, gilt die Proportion $1 : 100 = x : G$, denn $x = (1 : 100)G = G/100$.

Will man 7 % (sieben Prozent) der Größe G ermitteln, so ist die Verhältnisgleichung $7 : 100 = x : G$ zu lösen, das heißt, $x = (7 : 100)G$. Die gesuchte Größe, die auch Prozentwert genannt wird, beträgt sieben Hundertstel von dem gegebenen Grundwert G.

Erklärung:

Grundgleichung der Prozentrechnung

Für die Prozentrechnung gilt die Proportion

$$p : 100 = P : G$$

mit den Bezeichnungen p = Prozentsatz, P = Prozentwert und G = Grundwert.

Der Prozentwert P läßt sich darstellen in der Gleichung

$$P = \frac{p}{100} G.$$

Der Prozentwert P von G bei einem Prozentsatz von p beträgt p Hundertstel von G.

Beispiele:

1. Eine gegebene Masse von 70 kg hat die folgenden Bestandteile:
   Wasser 42 kg, Eiweiß 16 kg, Fett 7 kg, Mineralstoffe 3,7 kg und Zucker 1,3 kg.
   Berechnen Sie die prozentualen Anteile der Masse.

   Lösung:

   Gegeben: Grundwert $G = 70$ (in kg),
   Prozentwerte $P_1 = 42$, $P_2 = 16$, $P_3 = 7$, $P_4 = 3{,}7$, $P_5 = 1{,}3$ (P in kg).
   Gesucht: Prozentsätze p_1, p_2, p_3, p_4, p_5 (in %)
   Anwendung der Grundgleichung der Prozentrechnung $p : 100 = P : G$ oder $p = (P : G) * 100$.
   $p_1 = 60$, $p_2 \approx 22{,}86$, $p_3 = 10$, $p_4 \approx 5{,}28$, $p_5 \approx 1{,}86$.
   Die Masse besteht zu 60 % aus Wasser, zu ca. 22,86 % aus Eiweiß, zu 10 % aus Fett, zu ca. 5,28 % aus Mineralstoffen und zu ca. 1,86 % aus Zucker.

2. Wieviel sind 7,5 Prozent von 50 000,– DM?

   Lösung:

   Gegeben: Prozentsatz $p = 7{,}5$ und Grundwert $G = 50\,000$ (in DM)
   Gesucht: Prozentwert P (in DM)

Aus der Gleichung $p : 100 = P : G$ folgt $P = (p : 100) * G = (7{,}5 : 100) * 50\,000$.

Somit beträgt der Prozentwert $p = 3\,750$.

7,5 % von 50 000,– DM betragen 3 750,– DM.

3. Ein Unternehmen produzierte in einem Jahr 2 880 000 Stück eines bestimmten Erzeugnisses. Das waren 120 % der Jahresproduktion des Vorjahres.

   Wieviel Erzeugnisse produzierte das Unternehmen im Vorjahr?

   Lösung:

   Gegeben: Prozentwert $P = 2\,880\,000$ (in Stück)
   Prozentsatz $p = 120$ (in Prozent)

   Gesucht: Grundwert G (in Stück).

   Stellt man die Grundgleichung $p : 100 = P : G$ nach G um, so erhält man $G = (P * 100) : p$. Somit ergibt sich $G = (2\,880\,000 * 100) : 120 = 2\,400\,000$.

   Das Unternehmen produzierte im Vorjahr 2 400 000 Stück.

4. Ein Unternehmer kauft eine neue Anlage im Werte von 500 000,– DM. Nach Ablauf eines jeden Jahres werden 10 % des Anschaffungswertes abgeschrieben.

   Ermitteln Sie den Wert der Abschreibung in einem Jahr und den Restbuchwert der Anlage nach dem ersten Jahr.

   Lösung:

   Gegeben: $G = 500\,000$ (in DM) Anschaffungswert der Anlage und
   $p = 10$ (in %), Prozentsatz zur Berechnung der Abschreibung pro Jahr.

   Gesucht: P: Wert der Abschreibung in einem Jahr (in DM)
   $G - P$: Restbuchwert der Anlage nach Ablauf von einem Jahr (in DM)

   Der Prozentwert errechnet sich aus der Gleichung $P = (p : 100) * G$, so daß $P = 50\,000$. $G - P = 450\,000$.

   Der Wert der Abschreibung pro Jahr beträgt 50 000,– DM, so daß sich der Restbuch wert der Anlage nach Ablauf von einem Jahr auf 450 000,– DM beläuft.

1.5 Lineare Betragsgleichungen

Definition

Gegeben sei eine beliebige reelle Zahl x. Der absolute Betrag der reellen Zahl x (in Zeichen $|x|$) ist diejenige nicht negative reelle Zahl, für die gilt:

$$|x| = \begin{cases} x, & \text{wenn } x \geq 0. \\ -x, & \text{wenn } x < 0. \end{cases}$$

Beispiele:

a) $|3| = 3$, b) $|-3| = -(-3) = 3$.

Absolutbeträge

Der absolute Betrag einer beliebigen reellen Zahl ist stets eine nicht negative reelle Zahl.

Der absolute Betrag einer nicht negativen reellen Zahl a ist die reelle Zahl a selbst, das heißt, man kann die Betragsstriche weglassen.

Der absolute Betrag einer negativen reellen Zahl b ist identisch mit der entgegengesetzten Zahl von b, nämlich – b. Die reelle Zahl – b ist somit eine positive reelle Zahl.

Ermittlung der Lösungsmenge einer linearen Betragsgleichung anhand von Beispielen:

1. Ermitteln Sie die reellen Zahlen x, die die Aussageform $|x| = 2$ in eine wahre Aussage überführen.

   Lösung:

   Zur systematischen Ermittlung der Lösungsmenge führt man eine Fallunterscheidung durch. Dadurch entstehen aus der Betragsgleichung zwei verschiedene lineare Gleichungen.

1. Fall:	2. Fall:
$x \geq 0$	$x < 0$
(die reelle Zahl x ist nicht negativ)	(die reelle Zahl x ist negativ)
$\|x\| = x$	$\|x\| = -x$
$\|x\| = 2$	$\|x\| = 2$
$x = 2$	$-x = 2$
$L_1 = \{2\}$	$x = -2$
	$L_2 = \{-2\}$

   Die Lösungsmenge der gegebenen Betragsgleichung enthält alle reellen Zahlen, die die lineare Gleichung des 1. Falles erfüllen oder die lineare Gleichung des 2. Falles erfüllen. Somit ist die Lösungsmenge L die Vereinigungsmenge von L_1 und L_2, das heißt, $L = L_1 \cup L_2 = \{-2, 2\}$.

2. Ermitteln Sie die Lösungsmenge der Betragsgleichung $2|x| - 2 = 76$.

   Lösung:

   1. Schritt: Isolieren des absoluten Betrages der gesuchten Variablen auf der linken Seite der Gleichung:

   $|x| = 39$

   2. Schritt: Fallunterscheidung:

1. Fall:		2. Fall:
$x \geq 0$		$x < 0$
$x = 39$		$-x = 39$
$L_1 = \{39\}$		$x = -39$
		$L_2 = \{-39\}$

   3. Schritt: Lösungsmenge der Betragsgleichung: $L = L_1 \cup L_2 = \{-39, 39\}$

3. Es ist die Lösungsmenge der Betragsgleichung $|x + 4| = 7$ zu ermitteln.

Lösung:

1. Fall:		2. Fall:	
	$x + 4 \geq 0$		$x + 4 < 0$
	$|x + 4| = 7$		$|x + 4| = 7$
	$x + 4 = 7$		$-(x + 4) = 7$
	$x = 3$		$x + 4 = -7$
	$L_1 = \{3\}$		$x = -11$
			$L_2 = \{-11\}$

Lösungsmenge der Betragsgleichung: $L = \{-11, 3\}$

1.6 Gleichungen zweiten und dritten Grades

1.6.1 Gleichungen zweiten Grades mit einer gesuchten Variablen

Definition

Eine Gleichung bezeichnet man als quadratische Gleichung oder als Gleichung zweiten Grades genau dann, wenn sie sich durch Anwendung von äquivalenten Umformungen in die Form

$$ax^2 + bx + c = 0$$

bringen läßt, wobei $a \neq 0$, b, c konstante reelle Zahlen sind und x die gesuchte Variable ist. Den Term ax^2 bezeichnet man als quadratisches Glied, den Term bx als lineares Glied und c als absolutes Glied.

Werden beide Seiten der Gleichung $ax^2 + bx + c = 0$ durch den von Null verschiedenen Faktor a vor dem quadratischen Glied dividiert, so entsteht die Gleichung

$$x^2 + \frac{b}{a} * x + \frac{c}{a} = 0 \text{ oder}$$

$$x^2 + px + q = 0, \text{ mit } p = \frac{b}{a}, q = \frac{c}{a}.$$

Hinweise:

Die Gleichung $ax^2 + bx + c = 0$ $(a \neq 0)$ ist die allgemeine Form einer quadratischen Gleichung.

Die Gleichung $x^2 + px + q = 0$ bezeichnet man als Normalform der quadratischen Gleichung.

Quadratische Gleichungen in allgemeiner Form, in denen $a \neq 0$ und $b \neq 0$, bezeichnet man als gemischt-quadratische Gleichungen.

Eine Gleichung $ax^2 + c = 0$ nennt man reinquadratische Gleichung. Die Besonderheit einer reinquadratischen Gleichung besteht darin, daß das lineare Glied in der allgemeinen Form entfällt, das heißt $b = 0$.

(1) Lösung von reinquadratischen Gleichungen

Beispiel:

Ermitteln Sie die Lösungsmenge der reinquadratischen Gleichungen

a) $3x^2 - 12 = 0$ b) $4x^2 + 20 = 0$ c) $9x^2 - 81 = 2x^2 - 81$.

Lösungen:

Alle reinquadratischen Gleichungen $ax^2 + c = 0$ $(a \neq 0)$ lassen sich durch äquivalente Umformungen auf die Form $x^2 = -\frac{c}{a}$ bringen.

zu a) $x^2 = 4$

zu b) $x^2 = -5$

zu c) $x^2 = 0$.

Um die Lösungsmengen der verschiedenen quadratischen Gleichungen zu ermitteln, müssen beide Seiten der jeweiligen Gleichung radiziert werden, da die Umkehroperation des Quadrierens das Radizieren ist und Umkehroperationen sich bei Nacheinanderausführung aufheben.

zu a) $\sqrt{x^2} = \sqrt{4}$ $\sqrt{x^2} = 2$

zu b) $\sqrt{x^2} = \sqrt{-5}$

Das Radizieren im Zahlenbereich IR ist nur für nicht negative reelle Zahlen definiert, so daß diese Gleichung keine Lösung besitzt, das heißt $L = \phi$.

zu c) $\sqrt{x^2} = \sqrt{0}$, $\sqrt{x^2} = 0$.

Da im Ergebnis des Radizierens stets eine nicht negative reelle Zahl entsteht, gilt $\sqrt{x^2} = |x|$. Die gegebenen quadratischen Gleichungen werden in die Betragsgleichungen umgeformt.

zu a) $|x| = 2$

zu c) $|x| = 0$

Die Lösungen der Betragsgleichungen und damit der quadratischen Gleichungen sind:

in a) $x_1 = -2$ und $x_2 = 2$, so daß $L = \{-2, 2\}$

in c) $x_1 = x_2 = 0$, so daß $L = \{0\}$.

Hinweise:

Eine Gleichung der Form $x^2 = c$ hat die Lösungsmenge

1. $L = \{\sqrt{c}, -\sqrt{c}\}$ und damit die beiden Lösungen $x_1 = \sqrt{c}$ und $x_2 = -\sqrt{c}$ genau dann, wenn $c > 0$ (der Radikand ist positiv),
2. $L = \{0\}$ genau dann, wenn $c = 0$ (der Radikand ist Null),
3. $L = \phi$ genau dann, wenn $c < 0$ (der Radikand ist negativ).

Beispiel:

Lösen Sie die folgenden Gleichungen:

1. $7x^2 = 1\,575$
2. $(x+5)(x-5) = 24$
3. $x^2 - 66 = 15$
4. $5x^2 + 51 = 56$
5. $0{,}04\,x^2 = 0{,}0004$

Lösungen:

zu 1: $L = \{-15, 15\}$ zu 2: $L = \{-7, 7\}$ zu 3: $L = \{-9, 9\}$ zu 4: $L = \{-1, 1\}$
zu 5: $L = \{-0{,}1;\ 0{,}1\}$

(2) Lösung von gemischt-quadratischen Gleichungen $ax^2 + bx + c = 0$

Eine gemischt-quadratische Gleichung liegt dann vor, wenn in der Gleichung mindestens ein quadratisches Glied und mindestens ein lineares Glied enthalten ist. Jede gemischt-quadratische Gleichung wird zunächst in die Normalform $x^2 + px + q = 0$ überführt. Diese Normalform ist der Ausgangspunkt für die Lösung gemischt-quadratischer Gleichungen.

Beispiel:

Überführen Sie die gegebenen Gleichungen in ihre Normalform.

1. $(x+3)(x+4) = 6(x+9)$
2. $13x^2 + 8x - 10 = 9x^2 + 14$

Lösungswege:

zu 1: Ausmultiplizieren der Klammerausdrücke:

$$x^2 + 4x + 3x + 12 = 6x + 54$$

Ordnen der quadratischen, der linearen und der absoluten Glieder auf der linken Seite der Gleichung:

$$x^2 + x - 42 = 0 \Rightarrow \text{Normalform der quadratischen Gleichung}$$

zu 2: Ordnen der quadratischen, der linearen und der absoluten Glieder auf der linken Seite:

$$4x^2 + 8x - 24 = 0$$

Division beider Seiten der Gleichung durch 4:

$$x^2 + 2x - 6 = 0 \Rightarrow \text{Normalform}$$

Liegt eine quadratische Gleichung in ihrer Normalform vor, so ist zur Ermittlung der Lösungsmenge eine Lösungsformel anzuwenden. Bevor Sie sich mit der Anwendung der Lösungsformel vertraut machen, werden im folgenden einige Sonderfälle von gemischt-quadratischen Gleichungen aufgezeigt, die die Anwendung anderer Lösungsmethoden zulassen.

Sonderfälle von gemischt-quadratischen Gleichungen

Sonderfall 1

Die linke Seite der gegebenen Gleichung läßt sich als Binom der Form $(x + c)^2$ oder $(x - c)^2$ darstellen und die rechte Seite ist eine positive reelle Zahl.

Beispiel:

Zu lösen ist die Gleichung $x^2 + 6x + 9 = 25$.

Lösungsweg:

Das Besondere in dieser Gleichung besteht darin, daß die linke Seite sich mit Hilfe der ersten binomischen Formel als Binom $(x + 3)^2$ darstellen läßt, so daß die Gleichung die Form

$$(x+3)^2 = 25$$

erhält. Werden beide Seiten der Gleichung radiziert, so entsteht die Gleichung

$\sqrt{(x+3)^2} = \sqrt{25}$, oder

die Betragsgleichung

$$|x+3| = 5.$$

Fall-unterscheidung

Die Betragsgleichung löst man durch Fallunterscheidung.

Fall 1:	Fall 2:
$x+3 \geq 0$	$x+3 < 0$
$\|x+3\| = 5$	$\|x+3\| = 5$
$x+3 = 5$	$-(x+3) = 5$
$x = 2$	$x+3 = -5$
	$x = -8$
$L_1 = \{2\}$	$L_2 = \{-8\}$

Die Probe bestätigt, daß $L = \{-8, 2\}$ die Lösungsmenge der gegebenen quadratischen Gleichung ist.

Beispiel:

Ermitteln Sie die Lösungsmengen der Gleichungen

1. $x^2 - 8x + 16 = 9$ und 2. $x^2 - x + \frac{1}{4} = \frac{1}{4}$

Lösung:

zu 1: $(x-4)^2 = 9$

$$|x-4| = 3$$

$$L = \{1, 7\}$$

zu 2: $\left(x - \frac{1}{2}\right)^2 = \frac{1}{4}$

$$\left|x - \frac{1}{2}\right| = \frac{1}{2}$$

$$L = \{0, 1\}$$

Die linke Seite der gegebenen Gleichung läßt sich als ein Produkt der Form $(x-a)(x-b)$ oder $(x+a)(x-b)$ darstellen und die rechte Seite der Gleichung ist Null. **Sonderfall 2**

Beispiel:

Lösen Sie die Gleichung $x^2 + x - 12 = 0$

Lösung:

Der Term auf der linken Seite läßt sich faktorisieren. Es entsteht die äquivalente Gleichung
$(x-3)(x+4) = 0$.

Ein Produkt ist genau dann Null, wenn mindestens ein Faktor Null ist. Somit sind zwei Fälle zu unterscheiden. **Fall-unterscheidung**

1. Fall:	2. Fall:
$x-3 = 0$	$x+4 = 0$
$x = 3$	$x = -4$
$L_1 = \{3\}$	$L_2 = \{-4\}$

Da Fall 1 oder Fall 2 eintreten kann, ergibt sich für die Lösungsmenge der quadratischen Gleichung $L = L_1 \cup L_2 = \{-4, 3\}$.

Beispiel:

Lösen Sie die folgenden Gleichungen:

1. $(x+2)(x-4) = 0$ (Lösungen: $x_1 = -2$, $x_2 = 4$)
2. $(3x-8)(2x+6) = 0$ (Lösungen: $x_1 = \frac{8}{3}$, $x_2 = -3$)
3. $\left(\frac{x}{2}+\frac{1}{4}\right)\left(\frac{x}{3}-1\right) = 0$ (Lösungen: $x_1 = -\frac{1}{2}$, $x_2 = 3$)

Die linke Seite der Gleichung läßt sich als Produkt der Form $x(x-a)$ oder $x(x+a)$ darstellen und die rechte Seite ist Null. **Sonderfall 3**

Beispiel:

Ermitteln Sie die Lösungsmenge der Gleichung
$4x^2 - 8x = 0$.

Die quadratische Gleichung ist dadurch charakterisiert, daß in ihr nur quadratische und lineare Glieder enthalten sind. Es ist kein absolutes Glied vorhanden. Wird die linke Seite faktorisiert, so entsteht die äquivalente Gleichung
$4x(x-2) = 0$.

Ein Produkt ist genau dann Null, wenn mindestens ein Faktor Null ist. Es sind somit zwei Fälle zu unterscheiden:

Fall-unterscheidung

1. Fall:	2. Fall:
$4x = 0$	$x - 2 = 0$
$x = 0$	$x = 2$

Die Lösungsmenge der Gleichung ist $L = \{0, 2\}$.

Beispiel:

Lösen Sie die Gleichung $3x^2 - 15x = 0$.

Lösung: $x_1 = 0$, $x_2 = 5$, $L = \{0, 5\}$.

Normalform

Anwendung eines allgemeinen Lösungsalgorithmus zur Lösung einer gemischt-quadratischen Gleichung in der Normalform: $x^2 + px + q = 0$.

Gegeben sei eine quadratische Gleichung in der Normalform $x^2 + px + q = 0$. Es ist der folgende Lösungsweg zu gehen, um die Lösung der Gleichung zu ermitteln:

Lösungsweg

1. Schritt: Der Term $x^2 + px$ soll durch Anwendung einer binomischen Formel in ein Binom verwandelt werden:

$$x^2 + px = x^2 + px + \left(\frac{p}{2}\right)^2 - \left(\frac{p}{2}\right)^2$$

Die sogenannte quadratische Ergänzung $\left(\frac{p}{2}\right)^2$ wird addiert und gleichzeitig subtrahiert, so daß sich nur die Form des Terms $x^2 + px$ verändert.

2. Schritt: Durch Anwendung der ersten oder zweiten binomischen Formel wird die linke Seite der Gleichung so umgeformt, daß sie ein Binom enthält.

$$x^2 + px + q = \left(x^2 + px + \left(\frac{p}{2}\right)^2\right) - \left(\frac{p}{2}\right)^2 + q = \left(x + \frac{p}{2}\right)^2 - \left(\frac{p}{2}\right)^2 + q$$

Die quadratische Gleichung erhält die Form:

$$\left(x + \frac{p}{2}\right)^2 - \left(\frac{p}{2}\right)^2 + q = 0$$

3. Schritt: Isolierung des Binoms auf der linken Seite:

$$\left(x + \frac{p}{2}\right)^2 = \left(\frac{p}{2}\right)^2 - q$$

4. Schritt: Anwendung der nichtäquivalenten Umformung, Radizieren auf beiden Seiten der Gleichung. Es entsteht eine Betragsgleichung:

$$\sqrt{\left(x + \frac{p}{2}\right)^2} = \sqrt{\left(\frac{p}{2}\right)^2 - q}$$

$$\left|\left(x + \frac{p}{2}\right)\right| = \sqrt{\left(\frac{p}{2}\right)^2 - q}$$

5. Schritt: Lösung der Betragsgleichung durch Fallunterscheidung:

1. Fall:

$$x + \frac{p}{2} \geq 0$$

$$x_1 + \frac{p}{2} = \sqrt{\left(\frac{p}{2}\right)^2 - q}$$

$$x_1 = -\frac{p}{2} + \sqrt{\left(\frac{p}{2}\right)^2 - q}$$

2. Fall:

$$x + \frac{p}{2} < 0$$

$$-\left(x_2 + \frac{p}{2}\right) = \sqrt{\left(\frac{p}{2}\right)^2 - q}$$

$$x_2 + \frac{p}{2} = -\sqrt{\left(\frac{p}{2}\right)^2 - q}$$

$$x_2 = -\frac{p}{2} - \sqrt{\left(\frac{p}{2}\right)^2 - q}$$

6. Schritt: Ermittlung der Lösungsmenge:

Die Lösungsmenge der quadratischen Gleichung $x^2 + px + q = 0$ kann zwei Elemente x_1 und x_2 oder ein Element oder kein Element enthalten. Das ist abhängig vom Radikanden $R = \left(\frac{p}{2}\right)^2 - q$.

Wenn $R > 0$, dann $L = \left\{-\frac{p}{2} + \sqrt{\left(\frac{p}{2}\right)^2 - q},\ -\frac{p}{2} - \sqrt{\left(\frac{p}{2}\right)^2 - q}\right\}$,

wenn $R = 0$, dann $L = \left\{-\frac{p}{2}\right\}$,

wenn $R < 0$, dann $L = \phi$.

Jede quadratische Gleichung hat höchstens zwei reelle Lösungen, die man auch die Wurzeln der quadratischen Gleichung nennt.

Wurzel einer Gleichung

Beispiel:

Gegeben seien die quadratischen Gleichungen:

a) $x^2 - 6x - 40 = 0$ b) $x^2 - 10x + 25 = 0$ c) $x^2 - 12x + 40 = 0$

Ermitteln Sie die Lösungsmengen.

Lösung:

zu a) 1. Schritt: $\left(x^2 - 6x + \left(\frac{6}{2}\right)^2\right) - \left(\frac{6}{2}\right)^2 - 40 = 0.$

2. Schritt: $(x - 3)^2 - 9 - 40 = 0$

3. Schritt $(x - 3)^2 = 49$

4. Schritt $|x - 3| = 7$

5. Schritt:

1. Fall:

$$x - 3 \geq 0$$
$$x_1 - 3 = 7$$
$$x_1 = 10$$

2. Fall:

$$x - 3 < 0$$
$$-(x_2 - 3) = 7$$
$$x_2 - 3 = -7$$
$$x_2 = -4$$

6. Schritt: $L = \{-4, 10\}$

zu b) 1. Schritt: $x^2 - 10x + 25 = \left(x^2 - 10x + \left(\frac{10}{2}\right)^2\right) - \left(\frac{10}{2}\right)^2 + 25 = 0$

2. Schritt: $x - \left(\frac{10}{2}\right)^2 - \left(\frac{10}{2}\right)^2 + 25 = 0$

3. Schritt: $(x-5)^2 = 5^2 - 25$

$(x-5)^2 = 0$

4. Schritt $|x-5| = 0$

5. Schritt: 1. Fall: 2. Fall:

1. Fall	2. Fall
$x - 5 > 0$	$x - 5 < 0$
$x_1 - 5 = 0$	$-(x_2 - 5) = 0$
$x_1 = 5$	$x_2 = 5$

6. Schritt: $L = \{5\}$

zu c) 1. Schritt: $x^2 - 12x + 40 = \left(x^2 - 12x + \left(\frac{12}{2}\right)^2\right) - \left(\frac{12}{2}\right)^2 + 40 = 0$

2. Schritt: $\left(x - \frac{12}{2}\right)^2 - 6^2 + 40 = 0$

3. Schritt: $(x-6)^2 = -4$

4. Schritt: $|x-6| = \sqrt{-4}$

Der Lösungsalgorithmus muß an dieser Stelle abgebrochen werden, da der Radikand negativ ist. Somit ist die Lösungsmenge der Gleichung: $L = \phi$.

Lösungsformel

Lösung von quadratischen Gleichungen in Normalform durch Anwendung der Lösungsformel.

Für jede quadratische Gleichung, die in ihre Normalform $x^2 + px + q$ umgewandelt wurde, gilt die Lösungsformel:

$$x_1/x_2 = -\frac{p}{2} \pm \sqrt{\left(\frac{p}{2}\right)^2 - q}$$

Die Lösungen erhält man demzufolge durch Einsetzen der konkreten Werte von p und q in die Lösungsformel.

Satz von Vieta

Als Probe kann man den sogenannten Satz von Vieta anwenden. Es gilt für die Lösungen x_1 und x_2 einer quadratischen Gleichung in Normalform:

$$x_1 * x_2 = q \quad \text{und} \quad x_1 + x_2 = -p$$

Beispiel:

Ermitteln Sie die Lösungsmengen der Gleichungen

a) $x^2 + x - \frac{15}{4} = 0$ b) $x^2 - 7x = 0$ c) $x^2 - 9x + 82 = 0$

d) $x^2 - 25 = 0$ e) $x^2 - 3x + \frac{9}{4} = 0$

Lösung:

zu a) $p = 1$ und $q = -\frac{15}{4}$

$x_1 = -\frac{1}{2} + \sqrt{\left(-\frac{1}{2}\right)^2 - \left(-\frac{15}{4}\right)}$ $x_2 = -\frac{1}{2} - \sqrt{\left(-\frac{1}{2}\right)^2 - \left(-\frac{15}{4}\right)}$

$x_1 = -\frac{1}{2} + \sqrt{\frac{1}{4} + \frac{15}{4}}$ $x_2 = -\frac{1}{2} - \sqrt{\frac{1}{4} + \frac{15}{4}}$

$x_1 = -\frac{1}{2} + \sqrt{\frac{16}{4}}$ $x_2 = -\frac{1}{2} - \sqrt{\frac{16}{4}}$

$x_1 = \frac{3}{2}$ $x_2 = -\frac{5}{2}$

Probe: 1) $\left(-\frac{5}{2}\right)^2 + \left(-\frac{5}{2}\right) - \frac{15}{4} = 0$ 2) $\left(\frac{3}{2}\right)^2 + \frac{3}{2} - \frac{15}{4} = 0$

$\frac{25}{4} - \frac{5}{2} - \frac{15}{4} = 0$ $\frac{9}{4} + \frac{3}{2} - \frac{15}{4} = 0$

Alle Aussagen sind wahr.

Anwendung des Satzes von Vieta:

$x_1 * x_2 = \frac{3}{2} * \left(-\frac{5}{2}\right) = -\frac{15}{4} = q$ und $x_1 + x_2 = \frac{3}{2} + \left(-\frac{5}{2}\right) = -1 = -p$

Lösungsmenge: $L = \{-\frac{5}{2}, \frac{3}{2}\}$

zu b) $p = -7$ und $q = 0$

$x_1 = -\left(-\frac{7}{2}\right) + \sqrt{\left(\frac{7}{2}\right)^2 - 0}$ $x_2 = -\left(-\frac{7}{2}\right) - \sqrt{\left(\frac{7}{2}\right)^2 - 0}$

$x_1 = \frac{7}{2} + \frac{7}{2}$ $x_2 = \frac{7}{2} - \frac{7}{2}$

$x_1 = \frac{14}{2} = 7$ $x_2 = 0$

Probe: $x_1 * x_2 = 7 * 0 = 0 = q$ und $x_1 + x_2 = 7 + 0 = 7 = -p$

Lösungsmenge: $L = \{0, 7\}$

zu c) $p = -9$ und $q = 82$

$x_1 = -\left(-\frac{9}{2}\right) + \sqrt{\left(\frac{9}{2}\right)^2 - 82}$ $x_2 = -\left(-\frac{9}{2}\right) - \sqrt{\left(\frac{9}{2}\right)^2 - 82}$

$x_1 = \frac{9}{2} + \sqrt{\frac{81}{4} - 82}$ $x_2 = \frac{9}{2} - \sqrt{\frac{81}{4} - 82}$

Der Radikand ist negativ. Somit gibt es keine reelle Zahl x, die die quadratische Gleichung in eine wahre Aussage überführt. Die Lösungsmenge ist leer: $L = \phi$.

zu d) $p = 0$ und $q = -25$

$$x_1 = -\frac{0}{2} + \sqrt{0 - (-25)} \qquad x_2 = -\frac{0}{2} - \sqrt{0 - (-25)}$$

$$x_1 = +\sqrt{25} \qquad x_2 = -\sqrt{25}$$

$$x_1 = 5 \qquad x_2 = -5$$

Probe: $x_1 * x_2 = 5 * (-5) = -25 = q$ und $x_1 + x_2 = 5 + (-5) = 0 = -p$.
Lösungsmenge: $L = \{-5, 5\}$

zu e) $p = -3$ und $q = \frac{9}{4}$

$$x_1 = -\left(-\frac{3}{2}\right) + \sqrt{\left(\frac{3}{2}\right)^2 - \frac{9}{4}} \qquad x_2 = -\left(-\frac{3}{2}\right) - \sqrt{\left(\frac{3}{2}\right)^2 - \frac{9}{4}}$$

$$x_1 = \frac{3}{2} + 0 \qquad x_2 = \frac{3}{2} - 0$$

Probe: $x_1 * x_2 = \left(\frac{3}{2}\right) * \left(\frac{3}{2}\right) = \frac{9}{4} = q$ und $x_1 + x_2 = \frac{3}{2} + \frac{3}{2} = \frac{6}{2} = 3 = -p$

Lösungsmenge: $L = \left\{\frac{3}{2}\right\}$

1.6.2 Gleichungen dritten Grades

Definition

Eine Gleichung bezeichnet man als Gleichung dritten Grades oder kubische Gleichung genau dann, wenn sie sich durch Anwendung äquivalenter Umformungen in die allgemeine Form bringen läßt:

$$ax^3 + bx^2 + cx + d = 0$$

$a \neq 0$, b, c und d sind konstante reelle Zahlen und x ist die gesuchte Variable.
Den Term ax^3 bezeichnet man als Glied dritten Grades.

Eine kubische Gleichung kann höchstens drei reelle Lösungen (Wurzeln) haben.

Merke

In der elementaren betriebswirtschaftlichen Mathematik können kubische Gleichungen zur Darstellung des Gesamterlöses oder der Gesamtkosten in Abhängigkeit von den produzierten Erzeugniseinheiten angewendet werden.

Näherungsverfahren

Ist eine kubische Gleichung in der allgemeinen Form gegeben, so läßt sie sich nach einem sehr aufwendigen Verfahren lösen. Im allgemeinen wendet man graphische Verfahren oder Näherungsverfahren unter Einbeziehung der Rechentechnik an, um kubische Gleichungen zu lösen.

In einigen Sonderfällen können kubische Gleichungen entweder direkt oder durch Reduzierung auf Gleichungen niedrigeren Grades gelöst werden. Die folgenden Ausführungen beziehen sich auf leicht zu behandelnde Sonderfälle. **Lösung**

Die rein kubische Gleichung der Form: $x^3 = d$ **Sonderfall 1**

Beispiel:

Lösen Sie die kubischen Gleichungen

a) $x^3 = 8$ b) $x^3 = 0$ c) $x^3 = -27$

Lösung:

zu a) $\sqrt[3]{x^3} = \sqrt[3]{8}$, für $x \geqq 0$

$x = 2$, $L = \{2\}$

zu b) $\sqrt[3]{x^3} = \sqrt[3]{0}$, für $x \geqq 0$

$x = 0$, $L = \{0\}$

zu c) Da die n-te Wurzel für einen negativen Radikanden nicht definiert ist, ist diese Gleichung zunächst umzuformen:

$-x^3 = 27$, $\sqrt[3]{-x^3} = \sqrt[3]{27}$, $\sqrt[3]{(-x)^3} = 3$, $-x = 3$, $x = -3$, $L = \{-3\}$

Kubische Gleichungen der Form: $(x - a)^3 = b$ **Sonderfall 2**

Beispiel:

Lösen Sie die kubischen Gleichungen

a) $(x - 3)^3 = 64$ b) $(x - 3)^3 = -8$

Lösung:

zu a) $\sqrt[3]{(x-3)^3} = \sqrt[3]{64}$

$x - 3 = 4$

$x = 7$

zu b) Radizieren der rechten Seite ist nicht möglich!

$-(x-3)^3 = +8$

$\sqrt[3]{[-(x-3)]^3} = 2$, $-(x-3) = 2$, $x = 1$, $L = \{1\}$

Eine Seite der kubischen Gleichung läßt sich durch Anwendung äquivalenter Umformungen faktorisieren, oder sie ist bereits faktorisiert, und die andere Seite ist Null. **Sonderfall 3**

Beispiel:

Ermitteln Sie die Lösungsmenge der kubischen Gleichung $x^3 - 3x^2 - 4x = 0$.

Lösung:

Die linke Seite der kubischen Gleichung wird zunächst durch Ausklammern von x faktorisiert,

$x(x^2 - 3x - 4) = 0$.

Ein Produkt ist genau dann gleich Null, wenn mindestens ein Faktor gleich Null ist. Somit gilt

$x_1 = 0$ oder $x^2 - 3x - 4 = 0$.

Durch Anwendung der Lösungsformel erhält man die Lösungen der quadratischen Gleichung, für die gilt $p = -3$ und $q = -4$.

$$x_2 = -\left(-\frac{3}{2}\right)^2 + \sqrt{\left(\frac{3}{2}\right) - (-4)} = \frac{3}{2} + \frac{5}{2} = 4 \quad \text{oder}$$

$$x_3 = -\left(-\frac{3}{2}\right) - \sqrt{\frac{9}{4} + 4} = \frac{3}{2} - \frac{5}{2} = -1.$$

Die Lösungsmenge der kubischen Gleichung lautet $L = \{-1, 0, 4\}$.

Beispiel:

Lösen Sie die kubische Gleichung

$(x - 1)(x + 2)(x - 3) = 0$.

Lösung:

Da ein Produkt genau dann Null ist, wenn mindestens ein Faktor Null ist, gilt:

$x - 1 = 0$ oder $x + 2 = 0$ oder $x - 3 = 0$.

Die Lösungen der Gleichung sind: $x_1 = 1$, $x_2 = -2$, $x_3 = 3$.

Ergebnis: $L = \{-2, 1, 3\}$.

Hinweise:

Selbst Gleichungen höheren als dritten Grades können auf einem analogen Weg gelöst werden, wenn eine Seite in Produktform vorliegt und die andere Seite Null ist.

Beispiel:

Die Gleichung vierten Grades $(x - 1)(x - 2)(x + 3)(x + 4) = 0$ hat die Lösungsmenge $L = \{1, 2, -3, -4\}$

1.6.3 Textaufgaben

Beispiel:

Gegeben sei eine Strecke der Länge 25 cm. Diese Strecke soll so in zwei Teilstrecken a und b zerlegt werden, daß das Rechteck mit den Seiten a und b einen Flächeninhalt von 156 cm^2 besitzt.

Lösung:

Gegeben: $a + b = 25$ (in cm)

$a * b = 156$ (in cm^2)

Gesucht: a und b

Lösungsweg: $a * b = 156$ und $b = 25 - a$

$a * (25 - a) = 156$

Allgemeine Form einer quadratischen Gleichung: $-a^2 + 25a - 156 = 0$

Normalform einer quadratischen Gleichung: $a^2 - 25a + 156 = 0$

Anwendung der Lösungsformel: $p = -25$, $q = 156$

$$a_1 = -\left(-\frac{25}{2}\right) + \sqrt{\left(\frac{25}{2}\right)^2 - 156} \qquad a_2 = -\left(-\frac{25}{2}\right) - \sqrt{\left(\frac{25}{2}\right)^2 - 156}$$

$$a_1 = \frac{25}{2} + \sqrt{\frac{625}{4} - \frac{624}{4}} \qquad a_2 = \frac{25}{2} - \sqrt{\frac{1}{4}}$$

$$a_1 = \frac{25}{2} + \frac{1}{2} \qquad a_2 = \frac{25}{2} - \frac{1}{2}$$

$$a_1 = 13 \qquad a_2 = 12$$

Wenn $a_1 = 13$, dann $b_1 = 12$ oder
wenn $a_2 = 12$, dann $b_2 = 13$.

Probe: Ein Rechteck mit den Seiten a = 12 cm und b = 13 cm hat einen Flächeninhalt von 156 cm^2.

Ergebnis: Die Strecke von 25 cm muß in Teilstrecken der Längen 12 cm und 13 cm zerlegt werden, damit das aus ihnen gebildete Rechteck einen Flächeninhalt von 156 cm^2 besitzt.

Beispiel:

Die Summe der Quadrate zweier aufeinanderfolgender natürlicher Zahlen ist 85. Wie heißen die natürlichen Zahlen?

Lösung:

$$x^2 + (x+1)^2 = 85$$
$$x^2 + x^2 + 2x + 1 = 85$$
$$2x^2 + 2x - 84 = 0$$
$$x^2 + x - 42 = 0, \qquad x_1/x_2 = -\frac{1}{2} \pm \sqrt{\frac{1}{4} + 42}$$
$$x_1/x_2 = -\frac{1}{2} \pm \sqrt{\frac{169}{4}}$$
$$x_1 = -7, \quad x_2 = 6$$

Probe am Text:

$x_1 = -7$ ist keine Lösung der Textaufgabe, da -7 keine natürliche Zahl ist.

$6^2 + (6+1)^2 = 85$ ist eine wahre Aussage.

Die Summe der Quadrate der natürlichen Zahlen 6 und 7 ist 85.

Aufgaben zur Selbstüberprüfung:

1. Geben Sie den Definitionsbereich der folgenden Terme an:

   a) $T = \frac{1}{(2x-7)}$ b) $\sqrt{-2x+5}$ c) $\log_2(-3x-5)$

2. Überführen Sie die gegebenen Gleichungen durch Belegung der freien Variablen mit den Elementen des angegebenen Grundbereiches in Aussagen. Geben Sie den Wahrheitswert der entstandenen Aussagen an.

   a) $3x - 2 = 4x + 8, \quad x \in \{2, -10\}$

   b) $4x^2 - 12xy + 9y^2 = (2x - 3y)^2, \quad x \in \{-10, 500\}, \quad y \in \{-89, 398\}$

   c) $2x = 5x, \quad x \in \{2, 3\}$

3. Gegeben ist die Gleichung S = T. Ermitteln Sie die Definitionsbereiche von S, T und S = T.

   $$\frac{2x-7}{\sqrt{x+7}} = \frac{x+6}{x}$$

4. Weisen Sie nach, daß die folgenden Gleichungen äquivalent zueinander sind.

   a) $x = 2$ b) $-7x = -14$ c) $-7x + 9 = -5$

   d) $3x + 9 = 10x - 5$ e) $\frac{(3x+9)}{4} = \frac{(10x-5)}{4}$

5. Ermitteln Sie die Lösungsmengen der folgenden Gleichungen:

   a) $x + 8 = 15$ b) $x - 4 = 9$ c) $3 - x = 7$ d) $4x = 10$ e) $x : 5 = 8$

   f) $5 : x = 15$

6. Lösen Sie die folgenden Gleichungen:

a) $4x - 7x - 9 + 3x + 13 = 23 - 3x + 14 + 9x$

b) $3 - 6x - 2(3x - 7) - 3(3 - 2x) = 4x - 9(5 - 8x)$

c) $\frac{4x}{15} - \frac{x}{25} = \frac{2x}{6} - \frac{x}{27}$

d) $\frac{2}{x^2 - 1} = \frac{3}{x - 1} - \frac{4}{x + 1}$

7. In einer Abteilung eines Unternehmens werden zwei Erzeugnisse produziert. Dazu wird ein bestimmter Rohstoff verarbeitet, der nur in einer begrenzten Menge zur Verfügung steht. Die benötigte Menge Rohstoff (gemessen in Mengeneinheiten ME) für eine Erzeugniseinheit (EE) der beiden zu produzierenden Erzeugnisse und das gesamte Rohstoffaufkommen sind der folgenden Tabelle zu entnehmen:

	E_1	E_2	Gesamte Rohstoffmenge (in ME)
Rohstoffbedarf (in ME/EE)	30	10	800

Von Erzeugnis E_1 sollen 20 EE produziert werden. Wieviel Erzeugniseinheiten von Erzeugnis E_2 müssen produziert werden, um das Rohstoffaufkommen voll auszuschöpfen?

8. In seiner Jahresabschlußbilanz weist ein Unternehmer seinen Gewinn mit 990 000,– DM und sein eingesetztes Eigenkapital mit 900 000,– DM aus. Wie groß ist die im betrachteten Zeitabschnitt erzielte Eigenkapitalrentabilität?

9. Die Preise zweier Waren W_1 und W_2 verhalten sich wie 5 : 8. Die Ware W_2 kostet 40,– DM. Wieviel kostet die Ware W_1?

10. Lösen Sie die folgenden Verhältnisgleichungen:

a) $9 : 10 = 15 : x$ b) $(x - 3) : 7 = (2x - 1) : 5$ c) $2 : (2 - x) = 6 : 7$

11. Berechnen Sie:

a) Wieviel Prozent von 20 000,– DM sind 500,– DM?

b) Wieviel sind 5 % von 30 000,– DM?

c) 20 % von einem Grundwert sind 20 000,– DM. Wie groß ist der Grundwert?

12. Lösen Sie die folgenden linearen Betragsgleichungen:

a) $|2x| = 5$ b) $|-2x + 4| = 6x$

13. Lösen Sie die folgenden quadratischen Gleichungen:

a) $x^2 - 36 = 0$ b) $3x^2 + 49 = 0$ c) $-2x^2 + 5 = 5$

d) $2x^2 - 3x = 0$ e) $x^2 - 6x + 9 = 16$ f) $x^2 + 2x - 15 = 0$

g) $-2x^2 + 4x - 6 = 0$ h) $3x^2 - 6x - 9 = 0$

14. Das Produkt zweier aufeinanderfolgender natürlicher Zahlen ist 9 900. Für welche Zahlen ist das erfüllt?

2. Lineare Ungleichungen

Lernziele:

Die Fähigkeiten und Fertigkeiten, die Sie bei der Lösung von Gleichungen erworben haben, können Sie auf Ungleichungen übertragen.

Sie beherrschen die Regeln für äquivalente Umformungen von Ungleichungen.

Für beliebige lineare Ungleichungen mit einer gesuchten Variablen können Sie die Lösungsmenge angeben.

Sachverhalte aus Textaufgaben können Sie durch lineare Ungleichungen modellieren.

Sie sind in der Lage, die in einem Text gesuchte Größe durch die Lösung von Ungleichungen zu ermitteln.

2.1 Begriffe

Definition

Ein mathematisches Gebilde heißt Ungleichung genau dann, wenn zwei Terme S und T durch eines der Zeichen $<$, $>$, $\leq$ oder $\geq$ miteinander verbunden sind.

Beispiel:

a) $2+5-\frac{7}{8} < 34-\frac{8}{9}+98$

b) $x+7 \leq 4-8x$

c) $\frac{x-6}{5-2x} \geq \frac{2x-1}{x+5} \qquad x \neq \frac{5}{2},\ x \neq -5$

Eine Aussageform liegt genau dann vor, wenn die Ungleichung mindestens eine freie Variable enthält. Der Grundbereich der freien Variablen wird auch Definitionsbereich der Ungleichung genannt.

Definitionen

Eine reelle Zahl x heißt Lösung einer Ungleichung genau dann, wenn x ein Element des Definitionsbereiches der Ungleichung ist und x die Ungleichung in eine wahre Aussage überführt.

Eine Menge L heißt Lösungsmenge einer Ungleichung genau dann, wenn L alle Lösungen der Ungleichung und keine weiteren Elemente enthält.

Zwei Ungleichungen heißen äquivalent zueinander genau dann, wenn sie den gleichen Definitionsbereich und die gleiche Lösungsmenge besitzen.

Die Umformung einer Ungleichung heißt äquivalente Umformung genau dann, wenn die Umformung zu zueinander äquivalenten Ungleichungen führt.

2.2 Äquivalente Umformungen von Ungleichungen

Es sollen nun die Regeln für die äquivalente Umformung von Ungleichungen aufgeführt werden. Stellvertretend für die Zeichen <, >, ≤ und ≥ benutzen wir nur das Kleiner-Zeichen (<).

Gegeben sei eine beliebige Ungleichung $T_1 < T_2$ und ein Term T, der bei einigen Regeln bestimmte Voraussetzungen erfüllen muß. Der Definitionsbereich der Ungleichung ist eine Teilmenge des Definitionsbereiches von T.

Zu einer gegebenen Ungleichung $T_1 < T_2$ sind die folgenden Ungleichungen äquivalent:

Regeln für äquivalente Umformungen von Ungleichungen

Regel 1: $T_1 + T < T_2 + T$

Auf beiden Seiten einer Ungleichung darf ein beliebiger Term addiert werden.

Regel 2: $T_1 - T < T_2 - T$

Auf beiden Seiten einer Ungleichung darf ein beliebiger Term subtrahiert werden.

Regel 3: $T_1 * T < T_2 * T$, wenn $T > 0$.

Auf beiden Seiten einer Ungleichung darf ein Term multipliziert werden, wenn er bei jeder Belegung der Variablen positiv ist.

Regel 4: $T_1 * T > T_2 * T$, wenn $T < 0$

Multipliziert man beide Seiten einer Ungleichung mit einem Term, der bei jeder Belegung der Variablen negativ ist, so dreht sich das Relationszeichen um.

Regel 5: $T_1 : T < T_2 : T$, wenn $T > 0$

Auf beiden Seiten einer Ungleichung darf ein Term dividiert werden, wenn er bei jeder Belegung der Variablen positiv ist.

Regel 6: $T_1 : T > T_2 : T$, wenn $T < 0$

Dividiert man beide Seiten einer Ungleichung durch einen Term, der bei jeder Belegung der Variablen negativ ist, dann dreht sich das Relationszeichen um.

2.3 Lineare Ungleichungen mit einer gesuchten Variablen

Definition

> Eine Ungleichung $T_1 < T_2$ heißt lineare Ungleichung mit einer gesuchten Variablen x genau dann, wenn die Ungleichung durch äquivalente Umformungen in die Form $ax + b < 0$ $(a \neq 0)$ überführt werden kann. $a \neq 0$ und b sind vorgegebene Variablen oder Konstanten.

Beispiele:

1. Gegeben ist die Ungleichung $x - 8 < 0$. Ermitteln Sie die Lösungsmengen der folgenden Ungleichungen:

   a) $2x - 6 + x \; < \; 2x - 6 + 8$

   b) $x - 2x + 6 \; < \; 8 - 2x + 6$

   c) $x\,(2x - 6) \; < \; 8\,(2x - 6)$, wenn $x > 3$

   d) $(2x - 6)x \; > \; (2x - 6)\,8$, wenn $x < 3$

   e) $\frac{x}{(2x-6)} < \frac{8}{(2x-6)}$, wenn $x > 3$

   f) $\frac{x}{(2x-6)} > \frac{8}{(2x-6)}$, wenn $x < 3$.

   Lösung:

   Die Lösungsmengen der Ungleichungen in a) bis f) sind identisch, da alle Ungleichungen durch äquivalente Umformungen auseinander hervorgegangen sind. Die gemeinsame Lösungsmenge ist die Menge aller reellen Zahlen x, für die gilt $x < 8$, das heißt $L = \{x \in \mathrm{IR} : x < 8\}$. Die Lösungsmenge ist somit das offene Intervall $(-\infty, 8)$.

2. Ermitteln Sie die Lösungsmengen der folgenden Ungleichungen:

   a) $x + 4 < 8$ b) $4 - x < 9$ c) $x - 4 < 7$ d) $2x < 6$ e) $-3x < 12$

   f) $x : 4 < 6$ g) $x : (-5) < 1$ h) $15 : x < 3$

   Lösung:

   zu a) $x < 4$, $L = (-\infty, 4)$

   zu b) $x > -5$, $L = (-5, +\infty)$

   zu c) $x < 11$, $L = (-\infty, 11)$

   zu d) $x < 3$, $L = (-\infty, 3)$

   zu e) $x > -4$, $L = (-4, +\infty)$

   zu f) $x < 24$, $L = (-\infty, 24)$

   zu g) $x > -5$, $L = (-5, +\infty)$

   zu h) Zur Lösung ist eine Fallunterscheidung notwendig.

1. Fall:	2. Fall:
$x > 0$	$x < 0$
$15 < 3x$	$15 > 3x$
$5 < x$	$5 > x$
Es muß erfüllt sein:	Es muß erfüllt sein:
$0 < x$ und $5 < x$.	$x < 0$ und $x < 5$.

Es ist jeweils der Durchschnitt der beiden Mengen zu bilden:

Die Ungleichung h) ist demzufolge nur dann eine wahre Aussage, wenn für x negative reelle Zahlen oder reelle Zahlen, die größer als fünf sind, eingesetzt werden. $L = L_1 \cup L_2 = (-\infty, 0) \cup (5, +\infty)$

3. Ein Unternehmen produziert auf einer Maschine zwei verschiedene Erzeugnisse E_1 und E_2. Die benötigte Maschinenzeit pro ein Stück jedes Erzeugnisses und die gesamte zur Verfügung stehende Maschinenzeit sind der folgenden Tabelle zu entnehmen:

	E_1	E_2	Gesamte Maschinenzeit (in Minuten)
Maschinenzeit pro Stück (in min/Stück)	30	40	4 650

Das Unternehmen muß von Erzeugnis E_1 unbedingt 50 Stück produzieren. Wieviele Erzeugnisse von E_2 kann der Unternehmer maximal herstellen, wenn er seine Maschinenzeit auslasten will? Welche freie Kapazität an Maschinenzeit steht ihm dann noch zur Verfügung?

Lösung:

Gegeben:

t_1 = Maschinenzeit für 1 Stück von E_1, t_1 = 30 min/Stück

t_2 = Maschinenzeit für 1 Stück von E_2, t_2 = 40 min/Stück

t = Gesamte Maschinenzeit, t = 4 650 min

x_1 = Anzahl der produzierten Erzeugnisse von E_1, x_1 = 50 Stück

Gesucht:

x_2 = Anzahl der maximal zu produzierenden Erzeugnisse von E_2

t_3 = Maschinenzeit, die nicht genutzt werden kann.

Lösung:

Lösungsansatz: $30 * x_1 + 40 * x_2 \leq 4\,650$ und $x_1 = 50$

$$1\,500 + 40 * x_2 \leq 4\,650$$

$$40 * x_2 \leq 3\,150$$

$$x_2 \leq \frac{315}{4}$$

$$x_2 < \frac{312 + 3}{4}$$

$$x_2 \leq 78 + \frac{3}{4}$$

Probe: $30 * 50 + 40 * \left(78 + \frac{3}{4}\right) = 4\,650$

$$(1\,500 + 3\,120) + 30 = 4\,650 \Rightarrow \text{wahre Aussage}$$

Von Erzeugnis E_2 können maximal 78 Stück produziert werden. Die zur Verfügung stehende Maschinenzeit kann nicht voll ausgeschöpft werden. Es stehen noch 30 Minuten ungenutzter Maschinenzeit zur Verfügung.

Aufgaben zur Selbstüberprüfung:

15. Ermitteln Sie die Lösungsmengen der folgenden Ungleichungen:

    a) $2x - 5 < 7$ b) $-3x + 7 < 9$ c) $\frac{x}{4} + 9 < 11$

16. Ermitteln Sie die Lösungsmenge der Ungleichung: $\frac{6}{(x-1)} < -3$.

17. Ein Unternehmen produziert aus einem bestimmten Rohstoff, der nur in einer begrenzten Menge zur Verfügung steht, zwei verschiedene Erzeugnisse E_1 und E_2. Aus der folgenden Tabelle können Sie entnehmen, wieviele Mengeneinheiten ME der beschränkten Ressource pro ein Stück des jeweiligen Erzeugnisses eingesetzt werden müssen und wieviele Mengeneinheiten des Rohstoffes vorhanden sind. Von Erzeugnis E_1 müssen 1 000 Stück produziert werden. Wieviel Stück können maximal von Erzeugnis E_2 produziert werden, wenn der Rohstoff maximal ausgenutzt werden soll. Wieviele Mengeneinheiten des Rohstoffes sind noch frei verwendbar?

	E_1	E_2	Gesamte Rohstoffmenge in ME
Rohstoffmenge pro Stück (in ME/Stück)	20	30	45 000

3. Lineare Ungleichungssysteme mit einer gesuchten Variablen

Lernziele:

> Sie können die Lösungsmenge von linearen Ungleichungssystemen mit einer gesuchten Variablen bestimmen.
>
> Sie können entsprechende Sachprobleme lösen.

Wenn gefordert wird, daß eine oder mehrere Variablen aus einem Grundbereich nicht nur eine Ungleichung, sondern mehrere Ungleichungen gleichzeitig in wahre Aussagen überführen sollen, so sind die Variablen Lösungen eines Ungleichungssystems. In diesem Studientext werden nur lineare Ungleichungssysteme mit einer Variablen behandelt.

Hinweise:

> Ein lineares Ungleichungssystem mit einer gesuchten Variablen x besteht aus mindestens zwei Ungleichungen mit einer Variablen x, die stets in der ersten Potenz auftritt.
>
> Die Lösungsmenge eines linearen Ungleichungssystems mit einer Variablen ist die Durchschnittsmenge aller Lösungsmengen der im System enthaltenen Ungleichungen.

Beispiel:

Ermitteln Sie die Lösungsmenge des folgenden Ungleichungssystems:

I: $2x > 8$

II: $-3x < 9$

III: $-2x > -10$

Lösung:

1. Schritt: Ermittlung der Lösungsmengen jeder einzelnen Ungleichung:

$L(I) = (4, +\infty)$, $L(II) = (-3, +\infty)$, $L(III) = (-\infty, 5)$.

Die Lösungsmengen sind Intervalle von reellen Zahlen.

2. Schritt: Bildung der Durchschnittsmenge aus allen Lösungsmengen.

Eine Darstellung der einzelnen Lösungsmengen auf der Zahlengeraden ist sinnvoll zur Ermittlung der Durchschnittsmenge.

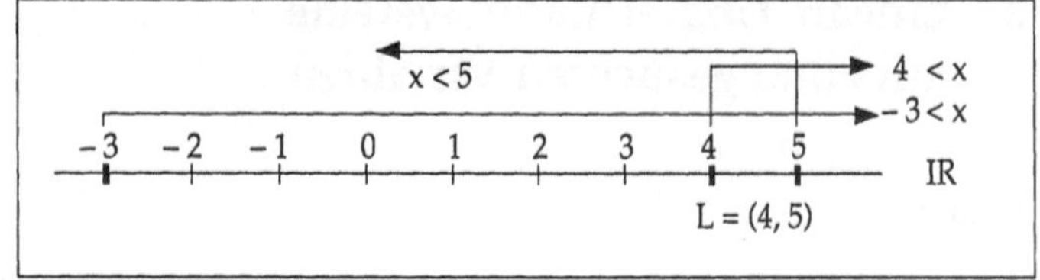

$(4, +\infty) = \{x \in IR : 4 < x\}, (-3, +\infty) = \{x \in IR: -3 < x < +\infty\}$,

$(4, +\infty) \cap (-3, +\infty) = (4, +\infty)$, da das Intervall $(4, +\infty)$ eine Teilmenge des Intervalls $(-3, +\infty)$ ist. Die Durchschnittsmenge $(4, +\infty) \cap (-\infty, 5)$ ergibt die Lösungsmenge L des Ungleichungssystems:

$L = [L(I) \cap L(II)] \cap L(III) = (4, 5).$

Beispiel:

Für die Produktion eines Erzeugnisses benötigt ein Unternehmen vier verschiedene Rohstoffe. Die erforderlichen Rohstoffmengen pro Stück des zu produzierenden Erzeugnisses und die insgesamt zur Verfügung stehenden Rohstoffmengen sind der folgenden Tabelle zu entnehmen:

Rohstoff	R_1	R_2	R_3	R_4
Benötigte Rohstoffeinheiten pro Stück des Erzeugnisses	5	6	7	8
Gesamtes Rohstoffaufkommen	300	366	490	400

Wieviel Stück des Erzeugnisses lassen sich höchstens produzieren? Wieviele Mengeneinheiten der einzelnen Rohstoffe werden bei der Produktion nicht benötigt?

Lösung:

Gegeben:

r_1 : Verbrauch von Rohstoff R_1 pro Stück des Erzeugnisses

$r_1 = 5$ ME/Stück

r_2 : Verbrauch von Rohstoff R_2 pro Stück des Erzeugnisses

$r_2 = 6$ ME/Stück

r_3 : Verbrauch von Rohstoff R_3 pro Stück des Erzeugnisses

$r_3 = 7$ ME/Stück

r_4 : Verbrauch von Rohstoff R_4 pro Stück des Erzeugnisses

$r_4 = 8$ ME/Stück

R_1: Gesamtmenge von Rohstoff 1, $R_1 = 300$ ME

R_2: Gesamtmenge von Rohstoff 2, $R_2 = 366$ ME

R_3: Gesamtmenge von Rohstoff 3, $R_3 = 490$ ME

R_4: Gesamtmenge von Rohstoff 4, $R_4 = 400$ ME

Gesucht:

x = maximale Stückzahl des zu produzierenden Erzeugnisses

y_1 = freie Kapazität an Rohstoff 1

y_2 = freie Kapazität an Rohstoff 2

y_3 = freie Kapazität an Rohstoff 3

y_4 = freie Kapazität an Rohstoff 4

Lösung:

1. Schritt: Aufstellung des Ungleichungssystems:

I. $r_1 * x \leq R_1$, $5x \leq 300$

II. $r_2 * x \leq R_2$, $6x \leq 366$

III. $r_3 * x \leq R_3$, $7x \leq 490$

IV. $r_4 * x \leq R_4$, $8x \leq 400$

2. Schritt: Ermittlung der Lösungsmengen der einzelnen Ungleichungen:

I. $x \leq 60$, $L(I) = [0, 60]$

II. $x \leq 61$, $L(II) = [0, 61]$

III. $x \leq 70$, $L(III) = [0, 70]$

IV. $x \leq 50$, $L(IV) = [0, 50]$

3. Schritt: Bildung der Durchschnittsmenge aus allen Lösungsmengen:

$L = L(I) \cap L(II) \cap L(III) \cap L(IV) = [0, 50]$

4. Schritt: Probe am Text und Antwortsatz:

Die Probe am Text ergibt eine wahre Aussage.

Wenn in dem Erzeugnis alle Rohstoffe verarbeitet werden müssen und kein Rohstoff durch einen anderen teilweise ersetzt werden kann, dann sind maximal 50 Stück herstellbar.

Aus den Ungleichungen ergeben sich die nicht ausgenutzten Ressourcen:

I: $5 * 50 + 50 = 300$

II: $6 * 50 + 66 = 366$

III: $7 * 50 + 140 = 490$

IV: $8 * 50 + 0 = 400$

Von Rohstoff 1 stehen noch 50 ME, von Rohstoff 2 noch 66 ME und von Rohstoff 3 noch 140 ME für eine neue Produktion zur Verfügung.

Aufgaben zur Selbstüberprüfung:

18. Ermitteln Sie die Lösungsmenge des Ungleichungssystems

    I. $3x - 5 > 2x + 1$

    II. $-2x > 3x + 15$

19. Ein Unternehmen produziert ein bestimmtes Erzeugnis. Zur Herstellung einer Erzeugniseinheit (EE) müssen zwei verschiedene Maschinen M_1 und M_2 eingesetzt werden.

    Die zur Verfügung stehende Maschinenzeit der Maschine M_1 beträgt zehn Stunden und die zur Verfügung stehende Maschinenzeit der Maschine M_2 beträgt zwölf Stunden. Pro einer Erzeugniseinheit benötigt die Maschine M_1 eine Maschinenzeit von zwei Stunden und die Maschine M_2 eine Maschinenzeit von drei Stunden.

    Geben Sie an, wieviele Erzeugniseinheiten des Erzeugnisses höchstens hergestellt werden können, wenn man davon ausgeht, daß nur ganzzahlige Erzeugniseinheiten produziert werden dürfen. Wie groß sind die freien Kapazitäten der Maschinen?

4. Lineare Gleichungssysteme

Lernziele:

> Sie beherrschen unterschiedliche Lösungsverfahren, um die Lösungsmenge eines Gleichungssystems mit mindestens zwei Variablen zu ermitteln.
>
> Probleme der Praxis, die als Textaufgaben formuliert sind, können Sie durch Gleichungssysteme modellieren und lösen.
>
> Zur Lösung von Gleichungssystemen können Sie schematisierte Verfahren anwenden und Anwendersoftware von Personalcomputern nutzen.

4.1 Begriffe

In Kapitel 1 wurden lineare Gleichungen mit einer gesuchten Variablen, das heißt, Gleichungen der Form:

$ax + b = 0 \quad (a \in IR, a \neq 0, \; b \in IR, \; a, b \text{ konstant}, x \in IR)$

variabel behandelt.

Eine lineare Gleichung mit zwei gesuchten Variablen ist durch die Anwendung von Umformungsregeln stets in die Form:

$$a_1 * x_1 + a_2 * x_2 = b$$

zu bringen. a_1, a_2, b sind konstante reelle Zahlen, x_1 und x_2 sind die gesuchten Variablen. Der Definitionsbereich von x_1 und der Definitionsbereich von x_2 ist die Menge der reellen Zahlen, wenn nicht ausdrücklich etwas anderes verlangt wird.

Definition

> Ein geordnetes Zahlenpaar (x_1, x_2) heißt Lösung einer Gleichung mit zwei gesuchten Variablen genau dann, wenn das Zahlenpaar die Gleichung in eine wahre Aussage überführt.

Beispiel:

Gegeben sei die lineare Gleichung mit zwei Variablen:

$2x_1 - 3x_2 = 4.$

Überprüfen Sie, ob die folgenden geordneten Zahlenpaare Lösungen der Gleichung sind:

a) (1, 2) b) (5, 2) c) (– 4, – 4) d) (– 3, – 3)

Lösung:

zu a) $2 * 1 - 3 * 2 = 4$ falsche Aussage

zu b) $2 * 5 - 3 * 2 = 4$ wahre Aussage

zu c) $2 * (-4) - 3 * (-4) = 4$ wahre Aussage

zu d) $2 * (-3) - 3 * (-3) = 4$ falsche Aussage

Die geordneten Zahlenpaare (5, 2) und (– 4, – 4) sind Lösungen der Gleichung.

Es gibt unendlich viele geordnete Paare (x_1, x_2), die eine lineare Gleichung mit zwei gesuchten Variablen in eine wahre Aussage überführen. Zur Ermittlung von Lösungen einer linearen Gleichung mit zwei Variablen ist es zweckmäßig, die Gleichung nach einer Variablen aufzulösen.

Die Gleichung $a_1 * x_1 + a_2 * x_2 = b$ ist äquivalent zu den Gleichungen

$$x_2 = -\frac{a_1}{a_2} * x_1 + \frac{b}{a_2} \quad \text{und}$$

$$x_1 = -\frac{a_2}{a_1} * x_2 + \frac{b}{a_1}$$

Setzt man für eine gesuchte Variable eine beliebige reelle Zahl ein, so muß die zweite Variable aus der Gleichung errechnet werden.

Beispiel:

Gegeben ist die Gleichung $2 * x_1 - 3 * x_2 = 4$. Ermitteln Sie Lösungen der Gleichung, für die eine Variable folgendermaßen vorgegeben ist.

a) $x_1 = 3$ b) $x_2 = -2$ c) $x_1 = -14$ d) $x_2 = -15$

Lösung:

Auflösung der Gleichung nach einer Variablen:

$$x_1 = \frac{3}{2} * x_2 + 2 \quad \text{oder} \quad x_2 = \frac{2}{3} * x_1 - \frac{4}{3}.$$

Einsetzen einer Variablen und errechnen der zweiten Variablen:

a) $x_2 = \left(\frac{2}{3}\right) * 3 - \frac{4}{3} = \frac{6}{3} - \frac{4}{3} = \frac{2}{3}$, das Zahlenpaar $\left(3, \frac{2}{3}\right)$ ist eine Lösung

b) $x_1 = \left(\frac{3}{2}\right) * (-2) + 2 = -3 + 2 = -1$, das Zahlenpaar $(-1, -2)$ ist eine Lösung

c) $x_2 = \left(\frac{2}{3}\right) * (-14) - \frac{4}{3} = -\frac{32}{3}$, das Zahlenpaar $\left(-14, -\frac{32}{3}\right)$ ist eine Lösung

d) $x_1 = \left(\frac{3}{2}\right) * (-15) + 2 = -\frac{41}{2}$, das Zahlenpaar $\left(-\frac{41}{2}, -15\right)$ ist eine Lösung

Merke

Eine Menge L von geordneten Zahlenpaaren (x_1, x_2) heißt Lösungsmenge einer Gleichung mit den gesuchten Variablen x_1 und x_2 genau dann, wenn L alle Lösungen der Gleichung enthält und keine weiteren Elemente.

Ein lineares Gleichungssystem besteht aus mindestens zwei linearen Gleichungen mit mindestens zwei gesuchten Variablen. Jedes lineare Gleichungssystem aus zwei Gleichungen mit zwei gesuchten Variablen kann man durch äquivalente Umformungen der beiden

Gleichungen in die folgende Form überführen:

Linares Gleichungssystem

I) $a_{11} * x_1 + a_{12} * x_2 = b_1$

II) $a_{21} * x_1 + a_{22} * x_2 = b_2$

a_{11}, a_{12}, a_{21}, a_{22}, b_1 und b_2 sind konstante reelle Zahlen und x_1, x_2 sind die gesuchten Variablen.

Beispiel:

Ein Unternehmen produziert zwei verschiedene Erzeugnisse E_1 und E_2 und benötigt dafür zwei verschiedene Rohstoffe. Die Rohstoffe R_1 und R_2 stehen aber nur in begrenztem Umfang zur Verfügung. Von R_1 sind 1 800 Rohstoffeinheiten (RE) und von R_2 sind 800 RE nutzbar. Die zur Verfügung stehenden Rohstoffmengen sollen unbedingt vollständig verbraucht werden.

Die sogenannten Rohstoffeinsatzkoeffizienten geben an, wieviel Rohstoffeinheiten eines Rohstoffes für die Produktion einer Erzeugniseinheit eingesetzt werden müssen. Der Rohstoffeinsatzkoeffizient r_{12} von R_1 für eine Erzeugniseinheit E_2 beträgt 6 RE/EE. Die Rohstoffeinsatzkoeffizienten sind der folgenden Tabelle zu entnehmen:

Rohstoff	Benötigte Rohstoffmenge pro 1 EE des Erzeugnisses		Zur Verfügung stehende Rohstoffmengen
	E_1	E_2	
R_1	2 RE/EE	6 RE/EE	1 800 RE
R_2	1 RE/EE	2 RE/EE	800 RE

Modellieren Sie den geschilderten Sachverhalt durch ein Gleichungssystem und überprüfen Sie dann, ob der Unternehmer die folgenden Erzeugniseinheiten produzieren kann, wenn die Rohstoffmengen vollständig verbraucht werden sollen:

a) 200 EE von E_1 und 100 EE von E_2

b) 3 EE von E_1 und 299 EE von E_2

c) 600 EE von E_1 und 100 EE von E_2

Lösung:

x_1 = produzierte Erzeugnisse von E_1 (gemessen in EE)

x_2 = produzierte Erzeugnisse von E_2 (gemessen in EE)

Herleitung von Gleichung I:

Für 1 EE von E_1 benötigt man 2 RE von R_1

Für x_1 EE von E_1 benötigt man $2 * x_1$ RE von R_1

Für 1 EE von E_2 benötigt man 6 RE von R_1

Für x_2 EE von E_2 benötigt man $6 * x_2$ RE von R_1

Das gesamte Rohstoffaufkommen von R_1 beträgt 1 800 RE

I: $2 * x_1 + 6 * x_2 = 1\,800$

Herleitung von Gleichung II: Analoge Vorgehensweise wie bei Gleichung I:
II: $1 * x_1 + 2 * x_2 = 800$

Da ein Problem der Betriebswirtschaft modelliert wurde, muß gelten $x_1 \geq 0$ und $x_2 \geq 0$.

Es soll überprüft werden, ob bestimmte geordnete Zahlenpaare Lösungen des Gleichungssystems I), II) aus zwei Gleichungen mit zwei Variablen sind.

Es muß überprüft werden, ob die geordneten Zahlenpaare die erste und auch die zweite Gleichung in wahre Aussagen überführen:

$(x_1, x_2) = (200, 100)$: I) $2 * 200 + 6 * 100 = 1\,800$ falsche Aussage

II) $1 * 200 + 2 * 100 = 800$ falsche Aussage

Das geordnete Zahlenpaar (200, 100) ist keine Lösung des Gleichungssystems, da es die erste Gleichung und die zweite Gleichung in falsche Aussagen überführt.

$(x_1, x_2) = (3, 299)$: I) $2 * 3 + 6 * 299 = 1\,800$ wahre Aussage

II) $1 * 3 + 2 * 299 = 800$ falsche Aussage

Das geordnete Zahlenpaar (3, 299) ist keine Lösung des Gleichungssystems, da es die zweite Gleichung in eine falsche Aussage überführt.

$(x_1, x_2) = (600, 100)$: I) $2 * 600 + 6 * 100 = 1\,800$ wahre Aussage

II) $1 * 600 + 2 * 100 = 800$ wahre Aussage

Das geordnete Zahlenpaar (600, 100) ist die einzige Lösung des Gleichungssystems aus zwei Gleichungen mit zwei Variablen, da es die erste und die zweite Gleichung in wahre Aussagen überführt.

Die Lösungsmenge des Gleichungssystems ist die einelementige Menge $L = \{(600, 100)\}$.

4.2 Verfahren zur Lösung von linearen Gleichungssystemen

Um die Lösungsmenge eines linearen Gleichungssystems zu ermitteln, kann man zweckmäßigerweise die Regeln für die äquivalente Umformung von linearen Gleichungen anwenden. In den folgenden Abschnitten lernen Sie verschiedene Vorgehensweisen kennen.

4.2.1 Das Gleichsetzungsverfahren

Bei diesem Verfahren wird jede der beiden Gleichungen nach einer der gesuchten Variablen x_1 oder x_2 aufgelöst. Die beiden entstandenen Terme werden dann gleichgesetzt, so daß eine Gleichung mit nur einer gesuchten Variablen entsteht.

Beispiel:

Ermitteln Sie die Lösungsmenge des Gleichungssystems durch Anwendung des Gleichsetzungsverfahrens.

I) $2x_1 + 6x_2 = 1\,800$

II) $x_1 + 2x_2 = 800$

Lösung:

Auflösung beider Gleichungen zum Beispiel nach x_1:

I) $x_1 = -3x_2 + 900$

II) $x_1 = -2x_2 + 800$

Gleichsetzen der entstandenen Terme:

$-3x_2 + 900 = -2x_2 + 800$

Lösen der Gleichung mit einer Variablen:

$$-x_2 = -100$$
$$x_2 = 100$$

Einsetzen der Lösung für x_2 in Gleichung I oder II:

I) $x_1 = -3 * 100 + 900$

$x_1 = 600$

Durchführung der Probe für beide Gleichungen:

I) $2 * 600 + 6 * 100 = 1\,800$ wahre Aussage

II) $1 * 600 + 2 * 100 = 800$ wahre Aussage

Die Lösungsmenge des Gleichungssystems ist $L = \{(600, 100)\}$.

Beispiel:

Ermitteln Sie die Lösungsmenge des Gleichungssystems mit Hilfe des Gleichsetzungsverfahrens.

I) $2x_1 - 4x_2 = 4$

II) $3x_1 - 6x_2 = 1$

Lösung:

Auflösung von I) nach x_1: $x_1 = 2x_2 + 2$

von II) nach x_1: $x_1 = 2x_2 + \frac{1}{3}$

Gleichsetzen von I) und II):

$$2x_2 + 2 = 2x_2 + \frac{1}{3}$$
$$2 = \frac{1}{3}$$

Beim Gleichsetzen entsteht eine falsche Aussage. Es gibt demzufolge kein geordnetes Zahlenpaar (x_1, x_2), das das Gleichungssystem in eine wahre Aussage überführt.

Die Lösungsmenge ist die leere Menge $L = \phi$.

Beispiel:

Lösen Sie das folgende Gleichungssystem.

I) $4x_1 - 8x_2 = 20$

II) $8x_1 - 16x_2 = 40$.

Lösung:

Auflösung von I) und II) nach x_2: I) $x_2 = \frac{1}{2}x_1 - \frac{20}{8}$

II) $x_2 = \frac{8}{16}x_1 - \frac{40}{16}$

Gleichsetzen: $\frac{1}{2}x_1 - \frac{5}{2} = \frac{8}{16}x_1 - \frac{5}{2}$

$0 = 0$

Beim Gleichsetzen entsteht für alle x_1 eine wahre Aussage. Das Gleichungssystem aus zwei Gleichungen mit zwei Variablen reduziert sich auf eine Gleichung mit einer Variablen. Die Lösungsmenge des Gleichungssystems ist somit eine unendliche Menge von geordneten Zahlenpaaren.

Wird x_1 vorgegeben, so errechnet sich x_2 aus der Gleichung

$$x_2 = \frac{1}{2}x_1 - \frac{5}{2}.$$

Wird x_2 vorgegeben, so muß x_1 aus der Gleichung

$$x_1 = 2x_2 + 5$$

berechnet werden.

Die Lösungsmenge des Gleichungssystems ist somit

$$L = \left\{(x_1, x_2) : x_1 \in \mathbb{R} \text{ und } x_2 = \frac{1}{2}x_1 - \frac{5}{2}\right\} \quad \text{oder}$$

$$L = \{(x_1, x_2) : x_2 \in \mathbb{R} \text{ und } x_1 = 2x_2 + 5\}.$$

4.2.2 Das Einsetzungsverfahren

Beim Einsetzungsverfahren wird eine der Gleichungen nach einer der beiden Variablen aufgelöst. Der entstandene Term wird dann in die andere Gleichung eingesetzt. Es entsteht wiederum eine Gleichung mit einer Variablen.

Beispiel:

Lösen Sie das gegebene Gleichungssystem mit Hilfe des Einsetzungsverfahrens.

I) $2x_1 - x_2 = 11$

II) $2x_1 + 5x_2 = 5$

Lösung:

In diesem Falle ist es günstig, die erste Gleichung nach x_2 aufzulösen, da der Faktor vor $x_2 = -1$ ist.

$$\text{I)} \quad x_2 = 2x_1 - 11.$$

Einsetzen des Terms für x_2 in die zweite Gleichung:

$$\begin{aligned} \text{II)} \quad 2x_1 + 5\,(2x_1 - 11) &= 5 \\ 2x_1 + 10x_1 - 55 &= 5 \\ 12x_1 &= 60 \\ x_1 &= 5 \end{aligned}$$

Einsetzen der Lösung für x_1 in die erste Gleichung:

$$\begin{aligned} \text{I)} \quad x_2 &= 2 * 5 - 11 \\ x_2 &= -1 \end{aligned}$$

$$\begin{aligned} \text{Probe: I)} \quad 2 * 5 - (-1) &= 11 \quad \text{wahre Aussage} \\ \text{II)} \quad 2 * 5 + 5\,(-1) &= 5 \quad \text{wahre Aussage} \end{aligned}$$

Die Lösungsmenge des Gleichungssystems ist die Menge $L = \{(5, -1)\}$.

Beispiel:

Lösen Sie das folgende Gleichungssystem mit Hilfe des Einsetzungsverfahrens.

$$\begin{aligned} \text{I)} \quad 7x_1 - 8x_2 &= 14 \\ \text{II)} \quad 14x_1 - 16x_2 &= 30 \end{aligned}$$

Lösung:

Auflösen von Gleichung I) nach x_1: $x_1 = \frac{8}{7}x_2 + 2$

Einsetzen in Gleichung II):

$$\begin{aligned} \text{II)} \quad 14\left(\frac{8}{7}x_2 + 2\right) - 16x_2 &= 30 \\ 16x_2 + 28 - 16x_2 &= 30 \\ 28 &= 30 \quad \text{falsche Aussage} \end{aligned}$$

Die Lösungsmenge des Gleichungssystems ist die leere Menge, da Gleichung II) für alle $x_2 \in \mathbb{R}$ eine falsche Aussage ist.

Beispiel:

Lösen Sie das Gleichungssystem mit Hilfe des Einsetzungsverfahrens.

$$\begin{aligned} \text{I)} \quad 5x_1 - 8x_2 &= 9 \\ \text{II)} \quad 20x_1 - 32x_2 &= 36 \end{aligned}$$

Lösung:

Auflösen von I) nach x_2: $x_2 = \frac{5}{8}x_1 - \frac{9}{8}$

Einsetzen in II): $20x_1 - 32\left(\frac{5}{8}x_1 - \frac{9}{8}\right) = 36$

$20x_1 - 20x_1 + 36 = 36$ wahre Aussage

$x_1 \in \mathbb{R}$ kann beliebig gewählt werden. x_2 muß man aus der Gleichung $x_2 = \frac{5}{8}x_1 - \frac{9}{8}$ errechnen.

$L = \left\{(x_1, x_2) : x_1 \in \mathbb{R} \text{ und } x_2 = \frac{5}{8}x_1 - \frac{9}{8}\right\}.$

4.2.3 Das Additionsverfahren

Beim Additionsverfahren multipliziert man beide Gleichungen mit geeigneten reellen Zahlen oder Variablen, so daß bei Addition beider Gleichungen eine Variable entfällt und nur eine Gleichung mit einer Variablen zu lösen ist. Die Lösung für die zweite Variable erhält man durch Einsetzen in eine Gleichung.

Beispiel:

Lösen Sie das lineare Gleichungssystem mit Hilfe des Additionsverfahrens.

I) $2x_1 - x_2 = 11$

II) $2x_1 + 5x_2 = 5.$

Lösung:

1. Variante:

Die erste Gleichung wird auf beiden Seiten mit (– 1) multipliziert:

I) $-2x_1 + x_2 = -11$

II) $2x_1 + 5x_2 = 5$

Beide Gleichungen werden addiert:

$6x_2 = -6$

$x_2 = -1$

Um x_1 zu berechnen, wird x_2 in eine der beiden Gleichungen eingesetzt, zum Beispiel in I:

I) $-2x_1 - 1 = -11$

$x_1 = 5$

Probe: I) $-2 * 5 + (-1) = -11$ wahre Aussage,

II) $2 * 5 + 5 * (-1) = 5$ wahre Aussage

Die Lösungsmenge ist $L = \{(5, -1)\}$.

2. Variante:

Die erste Gleichung wird auf beiden Seiten mit 5 multipliziert und zur zweiten Gleichung addiert.

$$\begin{array}{lrcl} \text{I)} & 10x_1 - 5x_2 & = & 55 \\ \text{II)} & \underline{2x_1 + 5x_2} & \underline{=} & \underline{5} \\ & 12x_1 & = & 60 \\ & x_1 & = & 5 \end{array}$$

Einsetzen von x_1 in eine Gleichung, zum Beispiel in II)

$$\begin{array}{lrcl} \text{II)} & 2 * 5 + 5x_2 & = & 5 \\ & x_2 & = & -1 \end{array}$$

Die Lösungsmenge ist $L = \{(5, -1)\}$.

Beispiel:

Lösen Sie das lineare Gleichungssystem mit dem Additionsverfahren.

$$\begin{array}{rcl} 6x_1 - 3x_2 & = & 18 \\ -24x_1 + 12x_2 & = & -72 \end{array}$$

Lösung:

Multiplikation der ersten Gleichung mit 4 und Addition zur zweiten Gleichung.

$$\begin{array}{lrcl} \text{I)} & 24x_1 - 12x_2 & = & 72 \\ \text{II)} & -24x_1 + 12x_2 & = & -72 \\ \hline & 0 & = & 0 \end{array} \qquad \text{wahre Aussage}$$

Da eine wahre Aussage entsteht, gibt es unendlich viele geordnete Zahlenpaare (x_1, x_2), die das Gleichungssystem lösen.

$L = \{(x_1, x_2) : x_1 \in \mathrm{IR} \text{ und } x_2 = 2x_1 - 6\}$.

Beispiel:

Ermitteln Sie die Lösungsmenge des Gleichungssystems mit dem Additionsverfahren.

$$\begin{array}{lrcl} \text{I)} & 12x_1 - 4x_2 & = & 2 \\ \text{II)} & -36x_1 + 12x_2 & = & 5 \end{array}$$

Lösung:

Multiplikation der ersten Gleichung mit 3 und Addition der beiden Gleichungen.

$$\begin{array}{lrcl} \text{I)} & 36x_1 - 12x_2 & = & 6 \\ \text{II)} & -36x_1 + 12x_2 & = & 5 \\ \hline & 0 & = & 11 \end{array} \qquad \text{falsche Aussage}$$

Das gegebene Gleichungssystem ist nicht lösbar: $L = \phi$.

Zusammenfassung:

> Sie haben in den letzten drei Abschnitten drei verschiedene Verfahren zur Lösung eines linearen Gleichungssystems mit zwei gesuchten Variablen kennengelernt. Wenn Sie sich fragen, welches Verfahren Sie denn bei einem speziellen Gleichungssystem anwenden sollen, dann kann man Ihnen dafür kein allgemeingültiges Rezept geben. Nach einigen Übungen werden Sie Erfahrungen im Umgang mit Gleichungssystemen sammeln und das für Sie geeignete Verfahren schnell auswählen können.
>
> Sie sollten bei der Auswahl des Verfahrens beachten:
>
> - Die Anwendung des Gleichsetzungsverfahrens ist dann günstig, wenn sich beide Gleichungen einfach nach einer Variablen auflösen lassen.
> - Das Einsetzungsverfahren eignet sich dann besonders, wenn sich nur eine der beiden Gleichungen ohne größere Rechnungen nach einer Variablen auflösen läßt.
> - Das Additionsverfahren kann dann sehr vorteilhaft angewandt werden, wenn eine Variable in beiden Gleichungen gleiche Koeffizienten besitzt oder der Koeffizient in einer Gleichung das Vielfache des Koeffizienten in der anderen Gleichung ist.

4.2.4 Die Lösbarkeit von linearen Gleichungssystemen aus zwei Gleichungen mit zwei gesuchten Variablen

Gegeben sei ein lineares Gleichungssystem aus zwei Gleichungen mit zwei gesuchten Variablen:

I) $a_{11} * x_1 + a_{12} * x_2 = b_1$

II) $a_{21} * x_1 + a_{22} * x_2 = b_2$.

Es sollen jetzt alle Fälle diskutiert werden, die bei der Lösung des Gleichungssystems auftreten können.

1. Fall: Homogenes Gleichungssystem

Homogenes Gleichungssystem

Für die absoluten Glieder b_1 und b_2 gilt: $b_1 = 0$ und $b_2 = 0$.

I) $a_{11} * x_1 + a_{12} * x_2 = 0$

II) $a_{21} * x_1 + a_{22} * x_2 = 0$

Ein Gleichungssystem, in dem die absoluten Glieder Null sind, bezeichnet man als homogenes Gleichungssystem. Jedes homogene lineare Gleichungssystem hat mindestens die Lösung $(x_1, x_2) = (0, 0)$.

Ein homogenes lineares Gleichungssystem kann aber auch unendlich viele Lösungen haben. Löst man beide Gleichungen nach einer Variablen auf, so entsteht zum Beispiel das äquivalente Gleichungssystem

I) $x_2 = -\frac{a_{11}}{a_{12}} * x_1$ und II) $x_2 = -\frac{a_{21}}{a_{22}} * x_1$.

Beide Gleichungen sind äquivalent zueinander genau dann, wenn

$$\frac{a_{11}}{a_{12}} = \frac{a_{21}}{a_{22}} \quad \text{bzw.} \quad a_{11} * a_{22} - a_{12} * a_{21} = 0.$$

Besteht ein homogenes Gleichungssystem aus zueinander äquivalenten Gleichungen, so ist die Lösungsmenge die unendliche Menge:

$$L = \left\{ (x_1, x_2) : x_1 \in IR \quad \text{und} \quad x_2 = -\frac{a_{11}}{a_{12}} * x_1 \right\}$$

2. Fall: Inhomogenes Gleichungssystem

Ein Gleichungssystem ist ein inhomogenes Gleichungssystem genau dann, wenn mindestens ein absolutes Glied b_1 oder b_2 ungleich Null ist. Ein inhomogenes lineares Gleichungssystem kann genau eine Lösung oder keine Lösung oder unendlich viele Lösungen besitzen:

Inhomogenes Gleichungs-system

a) Es gibt genau eine Lösung dann, wenn

$$\frac{a_{11}}{a_{12}} \neq \frac{a_{21}}{a_{22}}.$$

b) Es gibt keine Lösung des Gleichungssystems genau dann, wenn

$$\frac{a_{11}}{a_{12}} = \frac{a_{21}}{a_{22}} \quad \text{und} \quad \frac{b_1}{a_{12}} \neq \frac{b_2}{a_{22}}, \quad L = \phi.$$

c) Es gibt unendlich viele Lösungen genau dann, wenn

$$\frac{a_{11}}{a_{12}} = \frac{a_{21}}{a_{22}} \quad \text{und} \quad \frac{b_1}{a_{12}} = \frac{b_2}{a_{22}}.$$

4.3 Die Lösung von Sachproblemen mit Gleichungssystemen

Beispiel:

Gesucht ist eine zweistellige Zahl, bei der die erste Ziffer dreimal so groß ist wie die zweite Ziffer. Außerdem soll die Summe beider Ziffern 12 betragen.

Lösung:

x_1: erste Ziffer der zweistelligen Zahl

x_2: zweite Ziffer der zweistelligen Zahl

Die erste Ziffer x ist dreimal so groß wie die zweite Ziffer, das heißt I) $x_1 = 3x_2$ oder I) $x_1 - 3x_2 = 0$

Die Summe der beiden Ziffern beträgt 12, das heißt II) $x_1 + x_2 = 12$

Es ist das folgende Gleichungssystem zu lösen:

I) $x_1 - 3x_2 = 0$

II) $x_1 + x_2 = 12.$

Zur Lösung des Gleichungssystems bieten sich alle drei Verfahren an. Man kann beide Gleichungen nach x_1 auflösen und sie dann gleichsetzen, man kann aber auch die erste oder die zweite Gleichung nach x_1 auflösen und in die zweite Gleichung einsetzen, oder man kann die erste Gleichung mit (– 1) multiplizieren und zur zweiten Gleichung addieren. Die Lösungsmenge ist $L = \{(9, 3)\}$. Die zweistellige Zahl ist demzufolge 93.

Beispiel:

Aus zwei verschiedenen Rohmaterialien sollen zwei verschiedene Erzeugnisse produziert werden. Die Rohmaterialien sind aber nur in begrenztem Umfang vorhanden. Die Materialeinsatzkoeffizienten und die zur Verfügung stehenden Rohmaterialien sind der folgenden Tabelle zu entnehmen:

	Rohmaterialmenge, die für eine Einheit des Erzeugnisses benötigt wird (gemessen in RE/EE)	
	R_1	R_2
E_1	10	30
E_2	40	50
Zur Verfügung stehende Rohstoffmengen (in ME)	1 400	2 100

Wieviel Erzeugniseinheiten der beiden Erzeugnisse müssen produziert werden, wenn die Rohstoffmengen vollständig verbraucht werden sollen?

Lösung:

x_1: Erzeugniseinheiten von E_1

x_2: Erzeugniseinheiten von E_2

$$\begin{array}{lrcrcr} \text{I)} & 10x_1 & + & 40x_2 & = & 1\,400 \\ \text{II)} & 30x_1 & + & 50x_2 & = & 2\,100 \end{array}$$

$$\begin{array}{lrcrcr} \text{I)} & -30x_1 & - & 120x_2 & = & -4\,200 \\ \text{II)} & 30x_1 & + & 50x_2 & = & 2\,100 \\ \hline & & - & 70x_2 & = & -2\,100 \\ & & & x_2 & = & 30 \end{array}$$

Anwendung des Additionsverfahrens, Gleichung I mit (– 3) multiplizieren Addition beider Gleichungen

Andere Berechnungsmöglichkeit:

$$\begin{array}{lrcrcr} \text{I)} & 10x_1 & + & 40x_2 & = & 1\,400 \\ \text{II)} & 30x_1 & + & 50x_2 & = & 2\,100 \end{array}$$

$$\begin{array}{lrcrcr} \text{I)} & -50x_1 & - & 200x_2 & = & -7\,000 \\ \text{II)} & 120x_1 & + & 200x_2 & = & 8\,400 \\ \hline & & & 70\,x_1 & = & 1\,400 \\ & & & x_1 & = & 20 \end{array}$$

Anwendung des Additionsverfahrens, Gleichung I mit (– 5) multiplizieren, Gleichung II mit (4) multiplizieren und Addition beider Gleichungen.

Um das Material vollständig zu verbrauchen, müssen von Erzeugnis E_1 20 EE und von Erzeugnis E_2 30 EE produziert werden.

4.4 Schematisierte Verfahren zur Lösung von linearen Gleichungssystemen

4.4.1 Problemstellung

Die in Abschnitt 4.2 beschriebenen Verfahren zur Lösung von linearen Gleichungssystemen sind natürlich auch anwendbar, wenn ein lineares Gleichungssystem mit mehr als zwei Variablen und mehr als zwei Gleichungen zu lösen ist.

Der Arbeitsaufwand kann aber sehr hoch werden, so daß sich schnell Rechenfehler einschleichen können. Es gibt eine Reihe verschiedener schematisierter Verfahren, mit denen man die Lösung eines inhomogenen linearen Gleichungssystems nach einem festen Algorithmus ermitteln kann. Wir werden einen Algorithmus zunächst für die Lösung eines linearen Gleichungssystems mit zwei Gleichungen und zwei gesuchten Variablen einführen. Die Erweiterung auf Gleichungssysteme mit n Gleichungen und m Variablen ist dann unproblematisch.

4.4.2 Ablaufplan für ein schematisiertes Verfahren

Gegeben sei das lineare inhomogene Gleichungssystem aus zwei Gleichungen mit zwei Variablen

I) $a_{11} * x_1 + a_{12} * x_2 = b_1$ oder I) $2x_1 - 4x_2 = 8$

II) $a_{21} * x_1 + a_{22} * x_2 = b_2$ oder II) $5x_1 + 2x_2 = 8$.

Der Algorithmus soll gleichzeitig an dem konkreten Beispiel demonstriert werden. Das gegebene Gleichungssystem soll durch äquivalente Umformungen in ein Gleichungssystem überführt werden, das die folgende Form hat:

I) $1 * x_1 \qquad = d_1$

II) $\qquad 1 5 * x_2 = d_2$.

Die Lösung des gegebenen Gleichungssystems $(x_1, x_2) = (d_1, d_2)$ kann man aus dieser Form sofort ablesen.

Algorithmus zur Lösung des Gleichungssystems:

1. Schritt:

Es wird die Frage gestellt:

„Ist der Koeffizient von x_1 in der 1. Gleichung gleich Null?"

Fall 1: Die Frage wird mit „ja" beantwortet. Dann vertauscht man die erste und die zweite Gleichung. Die Frage wird erneut gestellt und muß jetzt mit „nein" beantwortet werden, da es sich um ein Gleichungssystem mit zwei Variablen handelt.

Fall 2: Die Frage wird mit „nein" beantwortet.

2. Schritt:

Die erste Gleichung wird durch den Koeffizienten vor x_1 dividiert:

$$\text{I)} \quad x_1 + \frac{a_{12}}{a_{11}} * x_2 = \frac{b_1}{a_{11}} \qquad \text{I)} \quad x_1 - 2x_2 = 4$$

$$\text{II)} \quad a_{21} * x_1 + a_{22} * x_2 = b_2 \qquad \text{II)} \quad 5x_1 + 2x_2 = 8$$

3. Schritt:

Anwendung des Additionsverfahrens:

Die erste Gleichung wird mit dem entgegengesetzten Koeffizient vor x_1 in der zweiten Gleichung multipliziert und zur zweiten Gleichung addiert. Es entsteht ein äquivalentes Gleichungssystem, in dem der Koeffizient vor x_1 in der ersten Gleichung (1) und der Koeffizient vor x_1 in der zweiten Gleichung Null ist.

$$\text{I)} \quad -a_{21} * x_1 - a_{21} * \frac{a_{12}}{a_{11}} * x_2 = -a_{21} * \frac{b_1}{a_{11}} \qquad \text{I)} \quad -5x_1 + 10x_2 = -20$$

$$\text{II)} \quad a_{21} * x_1 + a_{22} * x_2 = b_2 \qquad \text{II)} \quad 5x_1 + 2x_2 = 8$$

$$\text{I)} \quad 1 * x_1 + \frac{a_{12}}{a_{11}} * x_2 = \frac{b_1}{a_{11}} \qquad \text{I)} \quad x_1 - 2x_2 = 4$$

$$\text{II)} \quad \left(a_{22} - a_{21} * \frac{a_{12}}{a_{11}}\right) * x_2 = b_2 - a_{21} * \frac{b_1}{a_{11}} \qquad \text{II)} \quad 12x_2 = -12$$

4. Schritt:

Es wird die Frage gestellt, ob der Koeffizient vor x_2 in der zweiten Gleichung gleich Null ist.

1. Fall: Die Frage wird mit „ja" beantwortet, das heißt

$$a_{22} - a_{21} * \frac{a_{12}}{a_{11}} = 0 \qquad \text{oder} \qquad a_{11} * a_{22} - a_{21} * a_{12} = 0$$

Die Lösbarkeit des Gleichungssystems ist abhängig von der rechten Seite der zweiten Gleichung. Man muß zwei weitere Fälle unterscheiden:

Fall 1.1: Die rechte Seite der Gleichung ist ungleich Null. Da die linke Seite gleich Null ist und die rechte Seite ungleich Null ist, liegt eine falsche Aussage vor.

In diesem Falle ist die Lösungsmenge des Gleichungssystems die leere Menge $L = \phi$.

Fall 1.2: Die rechte Seite der Gleichung ist ebenfalls gleich Null. Das lineare Gleichungssystem aus zwei Gleichungen mit zwei Variablen ist äquivalent zu einer Gleichung mit zwei Variablen. Die Lösungsmenge ist somit die unendliche Menge.

$$L = \left\{(x_1, x_2) : x_1 \in \mathrm{IR} \text{ und } x_2 = -\frac{a_{11}}{a_{12}} * x_1 + \frac{b_1}{a_{12}}\right\}.$$

2. Fall: Die Frage wird mit „nein" beantwortet, das heißt

$a_{11} * a_{22} - a_{12} * a_{21} \neq 0$

Das lineare Gleichungssystem hat dann genau eine Lösung (x_1, x_2).

5. Schritt:

Die zweite Gleichung wird durch den Koeffizienten vor x_2 dividiert.

$$\text{I)}\quad x_1 + \frac{a_{12}}{a_{11}} * x_2 = \frac{b_1}{a_{11}} \qquad\qquad \text{I)}\quad x_1 - 2x_2 = 4$$

$$\text{II)}\quad x_2 = \frac{a_{11} * b_2 - a_{21} * b_1}{a_{11} * a_{22} - a_{12} * a_{21}} \qquad\qquad \text{II)}\quad x_2 = -1$$

6. Schritt:

Es wird die Frage gestellt, ob der Faktor vor x_2 in der ersten Gleichung gleich Null ist.

1. Fall: Die Frage wird mit ja beantwortet, das heißt, $a_{12} = 0$.

Die Lösungsmenge des Gleichungssystems ist die einelementige Menge:

$$L = \left\{ \left(\frac{b_1}{a_{11}}, \frac{a_{11} * b_2 - a_{21} * b_1}{a_{11} * a_{22}} \right) \right\}$$

2. Fall: Die Frage wird mit „nein" beantwortet.

7. Schritt:

Die zweite Gleichung wird mit dem entgegengesetzten Koeffizienten vor x_2 in der ersten Gleichung multipliziert und zur ersten Gleichung addiert. Es entsteht ein zum gegebenen Gleichungssystem äquivalentes Gleichungssystem der folgenden Form:

$$\text{I)}\quad x_1 = d_1$$
$$\text{II)}\quad x_2 = d_2.$$

Für das Zahlenbeispiel gilt:

$$\text{I)}\quad x_1 - 2x_2 = 4$$
$$\text{II)}\quad x_2 = -1$$

$$\text{I)}\quad x_1 - 2x_2 = 4$$
$$\text{II)}\quad 2x_2 = -2$$

$$\text{I)}\quad x_1 = 2$$
$$\text{II)}\quad x_2 = -1 \qquad\qquad L = \{(2, -1)\}$$

Beispiel:

Lösen Sie die folgenden Gleichungssysteme:

a) I) $5x_1 + 10x_2 = 20$ b) I) $3x_1 + 9x_2 = 8$ c) I) $4x_1 + 8x_2 = 12$

II) $15x_1 + 30x_2 = 60$ II) $-6x_1 - 18x_2 = 3$ II) $3x_1 + x_2 = 9$

Lösungen:

zu a) 1. + 2. Schritt:

$$\begin{array}{ll} \text{I)} & x_1 + 2x_2 = 4 \\ \text{II)} & 15x_1 + 30x_2 = 60 \\ \hline \end{array}$$

3. Schritt:

$$\begin{array}{ll} \text{I)} & -15x_1 - 30x_2 = -60 \\ \text{II)} & 15x_1 + 30x_2 = 60 \\ \hline \text{I)} & x_1 + 2x_2 = 4 \\ \text{II)} & 0 = 0 \end{array}$$

Zu dem Gleichungssystem ist eine Gleichung mit zwei Variablen äquivalent.

Lösungsmenge $L = \left\{ (x_1, x_2) : x_1 \in \mathbb{R} \text{ und } x_2 = -\frac{1}{2} x_1 + 2 \right\}$.

zu b) 1. + 2. Schritt:

$$\begin{array}{ll} \text{I)} & x_1 + 3x_2 = \frac{8}{3} \\ \text{II)} & -6x_1 - 18x_2 = 3 \\ \hline \end{array}$$

3. Schritt:

$$\begin{array}{ll} \text{I)} & 6x_1 + 18x_2 = 16 \\ \text{II)} & -6x_1 - 18x_2 = 3 \\ \hline \text{I)} & x_1 + 3x_2 = \frac{8}{3} \\ \text{II)} & 0 = 19 \end{array}$$

Zu dem gegebenen Gleichungssystem ist ein Gleichungssystem äquivalent, das eine falsche Aussage enthält. Die Lösungsmenge des gegebenen Gleichungssystems ist die leere Menge $L = \phi$.

zu c) 1. + 2. Schritt:

$$\begin{array}{ll} \text{I)} & x_1 + 2x_2 = 3 \\ \text{II)} & 3x_1 + x_2 = 9 \\ \hline \end{array}$$

3. Schritt:

$$\begin{array}{ll} \text{I)} & -3x_1 - 6x_2 = -9 \\ \text{II)} & 3x_1 + x_2 = 9 \\ \hline \text{I)} & x_1 + 2x_2 = 3 \\ \text{II)} & -5x_2 = 0 \\ \hline \end{array}$$

4. + 5. Schritt:

$$\begin{array}{ll} \text{I)} & x_1 + 2x_2 = 3 \\ \text{II)} & x_2 = 0 \\ \hline \end{array}$$

6. Schritt:

$$\begin{array}{ll} \text{I)} & x_1 + 2x_2 = 3 \\ \text{II)} & -2x_2 = 0 \\ \hline \text{I)} & x_1 = 3 \\ \text{II)} & x_2 = 0 \end{array}$$

Die Lösungsmenge des Gleichungssystems ist die einelementige Menge $L = \{(3, 0)\}$.

Die Vorgehensweise beim algorithmischen Lösen eines linearen Gleichungssystems aus drei Gleichungen mit drei Variablen soll an einem Beispiel vorgeführt werden. Durch äquivalente Umformungen kann jedes lineare Gleichungssystem aus drei Gleichungen mit drei Variablen in die Form:

Lösungsweg

$$\begin{aligned} a_{11}x_1 + a_{12}x_2 + a_{13}x_3 &= b_1 \\ a_{21}x_1 + a_{22}x_2 + a_{23}x_3 &= b_2 \\ a_{31}x_1 + a_{32}x_2 + a_{33}x_3 &= b_3 \end{aligned}$$

gebracht werden. Die konstanten reellen Zahlen b_1, b_2, b_3 bezeichnet man als absolute Glieder des Gleichungssystems.

Beispiel:

Ermitteln Sie die Lösungsmenge des linearen Gleichungssystems:

$$\begin{aligned} &\text{I)} & 3x_1 + 6x_2 - 9x_3 &= -12 \\ &\text{II)} & 2x_1 - 3x_2 + x_3 &= -1 \\ &\text{III)} & x_1 - x_2 + x_3 &= 2 \end{aligned}$$

Für die Rechnungen ist das Mitführen der Variablen x_1, x_2 und x_3 nicht nötig. Man kann folgendes rechteckiges Schema anfertigen:

x_1	x_2	x_3	b
3	6	−9	−12
2	−3	1	−1
1	−1	1	2

bzw.

x_1	x_2	x_3	b
a_{11}	a_{12}	a_{13}	b_1
a_{21}	a_{22}	a_{23}	b_2
a_{31}	a_{32}	a_{33}	b_3

Das rechteckige Schema vor dem senkrechten Strich

Koeffizienten-matrix

$$\begin{pmatrix} 3 & 6 & -9 \\ 2 & -3 & 1 \\ 1 & -1 & 1 \end{pmatrix} \quad \text{bzw.} \quad \begin{pmatrix} a_{11} & a_{12} & a_{13} \\ a_{21} & a_{22} & a_{23} \\ a_{31} & a_{32} & a_{33} \end{pmatrix}$$

bezeichnet man als Koeffizientenmatrix und das rechteckige Schema

Erweiterte Koeffizienten-matrix

$$\begin{pmatrix} 3 & 6 & -9 & -12 \\ 2 & -3 & 1 & -1 \\ 1 & -1 & 1 & 2 \end{pmatrix} \quad \text{bzw.} \quad \begin{pmatrix} a_{11} & a_{12} & a_{13} & b_1 \\ a_{21} & a_{22} & a_{23} & b_2 \\ a_{31} & a_{32} & a_{33} & b_3 \end{pmatrix}$$

als erweiterte Koeffizientenmatrix. In einer Matrix bezeichnet man die waagerechten Reihen als „Zeilen" und die senkrechten Reihen als „Spalten". Der Koeffizient a_{ij} steht in der i-ten Zeile und in der j-ten Spalte.

Zeilen und Spalten

Schritt 1:

Um den beschriebenen Algorithmus anwenden zu können, müssen die Gleichungen so angeordnet sein, daß der Koeffizient in der ersten Zeile und der ersten Spalte a_{11} ungleich Null ist. Wenn das nicht der Fall ist, dann muß die erste Gleichung mit einer anderen vertauscht werden, das heißt, der oben beschriebene Schritt 1 muß angewandt werden. Da es sich um ein Gleichungssystem mit drei gesuchten Variablen handeln soll, ist eine derartige Vertauschung der Zeilen stets möglich.

Schritt 2:

Der Koeffizient in der ersten Zeile und der ersten Spalte a_{11} wird als Hauptelement gewählt. Das Hauptelement wird durch einen Kreis markiert. Die erste Zeile wird durch diese Festlegung Hauptzeile und die erste Spalte wird Hauptspalte.

Tableau 1:

x_1	x_2	x_3	b	Negative reduzierte Hauptspalte
(3)	6	−9	−12	*
2	−3	1	−1	−2
1	−1	1	2	−1

Hauptzeile (1): erste Zeile; Hauptspalte (1): erste Spalte

x_1	x_2	x_3	b	−↑
(a_{11})	a_{12}	a_{13}	b_1	*
a_{21}				$-a_{21}$
a_{31}				$-a_{31}$

Um die weiteren Rechnungen zu erleichtern, kann man die entgegengesetzten Koeffizienten der Hauptspalte mit Ausnahme des Hauptelementes in eine Hilfsspalte schreiben. Diese bezeichnet man auch als „negative reduzierte Hauptspalte" und kennzeichnet sie mit „− ↑". Die Hauptzeile wird durch ein * gekennzeichnet. Die Hauptzeile wird durch das Hauptelement dividiert. Die umgeformte Hauptzeile wird in Tableau 2 geschrieben.

Schritt 3:

Anwendung des Additionsverfahrens mit dem Ziel, im Tableau 2 in der zweiten Zeile und ersten Spalte (Koeffizient a'_{21}) bzw. der dritten Zeile und erste Spalte (Koeffizient a'_{31}) die reelle Zahl Null zu erhalten.

Berechnen der neuen zweiten Zeile:

Dazu wird die Hauptzeile aus Tableau 2 zunächst mit dem entgegengesetzten Koeffizienten von a_{21} (vergleiche negative reduzierte Hauptspalte von Tableau 1) multipliziert und zur zweiten Zeile aus Tableau 1 addiert.

Berechnung einer neuen dritten Zeile:

Die Hauptzeile aus Tableau 2 wird mit dem entgegengesetzten Koeffizienten zu a_{31} multipliziert (siehe Spalte − ↑ von Tableau 1) und zur dritten Zeile aus Tableau 1 addiert.

Tableau 2:

x_1	x_2	x_3	b	−
1	2	−3	−4	−2
0	(−7)	7	7	*
0	−3	4	6	3

Hauptzeile (2): zweite Zeile; Hauptspalte (2): zweite Spalte

x_1	x_2	x_3	b	−↑
1	a'_{12}	a'_{13}	b'_1	$-a'_{12}$
0	(a'_{22})	a'_{23}	b'_2	*
0	a'_{32}	a'_{33}	b'_3	$-a'_{32}$

Schritt 4:

Der Algorithmus aus Schritt 2 und Schritt 3 soll von neuem beginnen. Dazu ist es notwendig, daß der Koeffizient $a'_{22} \neq 0$ ist.

Ist $a'_{22} = 0$ und $a'_{32} \neq 0$, dann kann man die zweite und die dritte Zeile vertauschen. Sind die Koeffizienten $a'_{22} = 0$ und $a'_{32} = 0$, dann müssen die Schritte 4 und 5 übersprungen werden.

Wir nehmen an, daß $a'_{22} \neq 0$. Der Koeffizient a'_{22} wird neues Hauptelement, Zeile 2 wird neue Hauptzeile (2) und Spalte 2 wird neue Hauptspalte (2).

Die Hauptzeile wird durch das Hauptelement dividiert. In der negativen reduzierten Hauptspalte wird die Hauptzeile mit einem * gekennzeichnet und die entgegengesetzten Koeffizienten der Hauptspalte werden eingetragen.

x_1	x_2	x_3	b	– ↑
1	2	–3	–4	–2
0	1	–1	–1	*
0	–3	4	6	3

x_1	x_2	x_3	b	– ↑
1	a'_{12}			$-a'_{12}$
0	1	a''_{23}	b''_2	*
0	a'_{32}			$-a'_3$

Schritt 5:

Anwendung des Additionsverfahrens mit dem Ziel, daß die Koeffizienten a''_{12} und a''_{32} Null werden.

1. Schaffung der neuen ersten Zeile:

   Multiplikation der veränderten Hauptzeile mit dem entgegengesetzten Koeffizienten von a'_{12} (siehe Spalte – ↑) und Addition zur alten ersten Zeile.

2. Schaffung der neuen dritten Zeile:
   Multiplikation der veränderten Hauptzeile mit dem entgegengesetzten Koeffizienten zu a'_{32} und Addition zur alten dritten Zeile.

Tableau 3:

x_1	x_2	x_3	b	– ↑
1	0	–1	–2	1
0	1	–1	–1	1
0	0	(1)	3	*

x_1	x_2	x_3	b	– ↑
1	0	a''_{13}	b''_1	$-a''_{13}$
0	1	a''_{23}	b''_2	$-a''_{23}$
0	0	(a''_{33})	b''_3	*

Hauptzeile (3)

Hauptspalte (3)

Schritt 6:

Die Schritte 2 und 3 vom Algorithmus werden erneut angewandt.

Fall 6.1: Für den Koeffizienten a''_{33} gilt: $a''_{33} = 0$. Der Algorithmus wird abgebrochen, da in der dritten Zeile kein Hauptelement gefunden werden kann.

x_1	x_2	x_3	b
1	0	a''_{13}	b''_1
0	1	a''_{23}	b''_2
0	0	0	b_3

Fall 6.1.1: Für das absolute Glied gilt: $b''_3 = 0$. Die dritte Gleichung ist für alle x_3 eine wahre Aussage. Das gegebene Gleichungssystem ist äquivalent zu dem Gleichungssystem aus zwei Gleichungen mit drei gesuchten Variablen:

$x_1 + a''_{13}x_3 = b''_1$ bzw. $x_1 = -a''_{13}x_3 + b''_1$

$x_2 + a''_{23}x_3 = b''_2$ bzw. $x_2 = -a''_{23}x_3 + b''_2$.

Die Lösungsmenge ist eine unendliche Menge von geordneten Tripeln, wobei eine Variable frei gewählt werden kann.

Fall 6.1.2: Für das absolute Glied gilt: $b''_3 \neq 0$. Die dritte Gleichung ist für alle x_3 eine falsche Aussage. Die Lösungsmenge ist somit die leere Menge, $L = \phi$.

Fall 6.2: Für den Koeffizienten a''_{33} gilt: $a'_{33} \neq 0$. Ist der Koeffizient $a''_{33} \neq 0$, so ist er das neue Hauptelement. Zeile 3 ist neue Hauptzeile (3) und Spalte 3 ist neue Hauptspalte (3). Die Hauptzeile wird durch ein * gekennzeichnet und in die negative reduzierte Hauptspalte werden die entgegengesetzten Koeffizienten der Hauptspalte geschrieben.

Die Hauptzeile wird durch das Hauptelement a''_{33} dividiert. Im konkreten Beispiel verändert sich die Hauptzeile nicht.

Schritt 7:

Anwendung des Additionsverfahrens mit dem Ziel, daß die Koeffizienten a''_{13} und a''_{23} Null werden.

1. Die veränderte Hauptzeile wird mit dem Koeffizienten $-a''_{13}$ multipliziert und zur ersten Zeile addiert.
2. Die veränderte Hauptzeile wird dann mit dem Koeffizienten von $-a''_{23}$ multipliziert und zur zweiten Zeile addiert.

Tableau 4:

x_1	x_2	x_3	b
1	0	0	1
0	1	0	2
0	0	1	3

x_1	x_2	x_3	b'''
1	0	0	b'''_1
0	1	0	b'''_2
0	0	1	b'''_3

Kanonische Form

Der Algorithmus kann jetzt beendet werden, da die Koeffizientenmatrix in die sogenannte „kanonische Form" überführt ist. Aus der kanonischen Form kann man unmittelbar die Lösung des linearen Gleichungssystems aus drei Gleichungen mit den drei Variablen x_1, x_2, x_3 ablesen.

Die Lösungsmenge ist eine einelementige Menge aus einem geordneten Tripel.

$L = \{(1, 2, 3)\}$ bzw. $L = \{(d_1, d_2, d_3)\}$.

Ein lineares Gleichungssystem aus drei Gleichungen mit drei Variablen kann folgende Lösungsmengen haben:

1. Fall: Eine einelementige Menge mit einem geordneten Tripel, $L = \{(d_1, d_2, d_3)\}$,

2. Fall: $L = \phi$

3. Fall: L ist eine unendliche Menge von geordneten Tripeln (x_1, x_2, x_3), wobei eine Variable frei wählbar ist und die anderen beiden errechnet werden müssen. Die kanonische Form des Gleichungssystems hat dann beispielsweise die folgende Gestalt:

x_1	x_2	x_3	b
1	0	a_{13}	d_1
0	1	a_{23}	d_2
0	0	0	0

In diesem Falle sollte man x_3 frei wählen.

$L = \{(x_1, x_2, x_3)\} : x_3 \in IR$ und $x_1 = - a_{13}x_3 + d_1$ und $x_2 = - a_{23}x_3 + d_2\}$.

4. Fall: L ist eine unendliche Menge von geordneten Tripeln (x_1, x_2, x_3), wobei zwei Variable frei wählbar sind und die dritte errechnet werden muß. In diesem Falle hat die kanonische Form des Gleichungssystems zum Beispiel die Gestalt:

x_1	x_2	x_3	b
1	a_{12}	a_{13}	d_1
0	0	0	0
0	0	0	0

In diesem Beispiel sollten x_2 und x_3 frei gewählt werden und x_1 errechnet werden.

$L = \{(x_1, x_2, x_3) : x_2 \in IR$ und $x_3 \in IR$ und $x_1 = - a_{12}x_2 - a_{13}x_3 + d_1\}$.

Beispiel:

Ermitteln Sie die Lösungsmenge des folgenden Gleichungssystems:

I) $2x_1 + 3x_2 + 4x_3 = 5$

II) $4x_1 + 6x_2 + 8x_3 = 10$

III) $-2x_1 - 3x_2 - 4x_3 = -5$

Lösung:

x_1	x_2	x_3	b	$-\uparrow$
(2)	3	4	5	*
4	6	8	10	-4
-2	-3	-4	-5	2
1	$\frac{3}{2}$	2	$\frac{5}{2}$	
0	0	0	0	
0	0	0	0	

Das gegebene Gleichungssystem ist äquivalent zu der Gleichung mit drei Variablen:

$$x_1 + \frac{3}{2} * x_2 + 2 * x_3 = \frac{5}{2}$$

$$x_1 = -\frac{3}{2} * x_2 - 2 * x_3 + \frac{5}{2}.$$

Die frei wählbaren Parameter werden häufig mit s und t bezeichnet, so daß die Gleichung lautet:

$x_1 = -\frac{3}{2} * s - 2 * t + \frac{5}{2}$, mit $s \in IR$ und $t \in IR$.

$$L = \left\{(x_1, s, t) : s \in IR \text{ und } t \in IR \text{ und } x_1 = -\frac{3}{2} * s - 2t + \frac{5}{2}\right\}$$

Beispiel:

Ermitteln Sie die Lösungsmenge des Gleichungssystems:

I) $2x_1 + 3x_2 + 4x_3 = 5$

II) $4x_1 + 6x_2 + 8x_3 = 10$

III) $x_1 + x_2 + x_3 = 1$

Lösung:

x_1	x_2	x_3	b	$-\uparrow$
(2)	3	4	5	*
4	6	8	10	−4
1	1	1	1	−1
1	$\frac{3}{2}$	2	$\frac{5}{2}$	$-\frac{3}{2}$
0	0	0	0	
0	($-\frac{1}{2}$)	−1	$-\frac{3}{2}$	*
1	0	−1	7	
0	0	0	0	
0	1	2	+3	

Das Gleichungssystem ist äquivalent zu einem Gleichungssystem aus zwei Gleichungen mit drei Variablen.

I) $x_1 - x_3 = 7$ bzw. $x_1 = x_3 + 7$

II) $x_2 + 2x_3 = 3$ $x_2 = -2x_3 + 3$

Die Lösungsmenge ist eine unendliche Menge von geordneten Tripeln. Die Tripel werden errechnet, indem man einen Parameter frei wählt und die beiden anderen Variablen errechnet.

$L = \{(x_1, x_2, t) : t \in \mathbb{R}$ und $x_1 = t + 7$ und $x_2 = -2t + 3\}$

Beispiel:

Ermitteln Sie die Lösungsmenge des folgenden Gleichungssystems:

I) $3x_1 + 6x_2 + 9x_3 = 12$

II) $x_1 + 2x_2 + 3x_3 = 4$

III) $2x_1 + 4x_2 + 6x_3 = 0$

Lösung:

x_1	x_2	x_3	b	$-\uparrow$
3	6	9	12	*
1	2	3	4	−1
2	4	6	0	−2
1	2	3	4	
0	0	0	0	
0	0	0	−8	Achtung!!!

Das gegebene Gleichungssystem wurde in ein Gleichungssystem überführt, das eine falsche Aussage enthält.

Die Lösungsmenge des Gleichungssystems ist somit die leere Menge.

4.4.3 Lösung von linearen Gleichungssystemen durch Einsetzen in PC-Programme

Bereits die Lösung von linearen Gleichungssystemen mit drei Gleichungen und drei Variablen kann zu einem erheblichen Rechenaufwand führen, bei dem man sich auch leicht einmal verrechnen kann. Es ist empfehlenswert, sich ein kleines PC-Programm zu erstellen, durch das der Algorithmus selbständig abläuft.

Im Handel gibt es umfangreiche Software für alle, die mit Mathematik zu tun haben. In dieser Software sind Programme zum Gleichungslösen enthalten. Mit Hilfe der Matrizenrechnung können bis zu 80 lineare Gleichungen mit 64 gesuchten Variablen gelöst werden.

Bei der konkreten Nutzung dieser Software müssen Sie die erweiterte Koeffizientenmatrix eingeben. Ist die Lösungsmenge eine unendliche Menge von geordneten Tripeln, so werden die frei wählbaren Variablen als Parameter bezeichnet. Bei Vorgabe konkreter Werte für die Parameter zeigt Ihnen der Computer die zugehörigen Lösungen des Gleichungssystems an.

Aufgaben zur Selbstüberprüfung:

20. Ermitteln Sie die Lösungsmengen der folgenden linearen Gleichungssysteme mit dem Gleichsetzungsverfahren:

a) I) $2x_1 - x_2 = 5$ b) $3x_1 - 6x_2 = 9$ c) $4x_1 + 2x_2 = 8$

II) $3x_1 + x_2 = 1$ $2x_1 - 4x_2 = 6$ $-6x_1 - 3x_2 = 3$

21. Ermitteln Sie die Lösungsmengen der folgenden Gleichungssysteme mit dem Einsetzungsverfahren:

a) $5x_1 - x_2 = 4$ b) $-13x_1 + 26x_2 = 39$ c) $-5x_1 + 20x_2 = 25$

$-15x_1 + 3x_2 = 3$ $2x_1 - 4x_2 = -6$ $3x_1 - 6x_2 = 15$

22. Ermitteln Sie die Lösungsmengen der folgenden Gleichungssysteme mit dem Additionsverfahren:

a) $-4x_1 + 7x_2 = 5$ b) $2x_1 - 7x_2 = 4$ c) $-4x_1 + 5x_2 = 13$

$12x_1 - 21x_2 = -15$ $3x_1 - 6x_2 = 15$ $24x_1 - 30x_2 = 2$

23. Gesucht sind zwei reelle Zahlen, für die folgendes gilt: Die Summe aus dem Dreifachen der ersten Zahl und der Hälfte der zweiten Zahl beträgt 51. Außerdem ist die Differenz aus der ersten und der zweiten Zahl gleich 10. Wie heißen die beiden Zahlen?

24. Ein bestimmtes Erzeugnis wird nach zwei verschiedenen Technologien hergestellt. Bei Anwendung der ersten und der zweiten Technologie werden jeweils zwei verschiedene Materialien M_1 und M_2 eingesetzt. Wird eine Erzeugniseinheit (EE) nach der ersten Technologie hergestellt, so benötigt man zwei Mengeneinheiten (ME) von Material M_1 und drei Mengeneinheiten (ME) von M_2. Bei Herstellung des Erzeugnisses mit der zweiten Technologie werden zwölf Mengeneinheiten des Materials M_1 pro einer Erzeugniseinheit und sechs ME des Materials M_2 pro einer Erzeugniseinheit verbraucht.

Der Materialvorrat ist begrenzt. Von Material M_1 sind 94 ME und von Material M_2 sind 57 ME vorrätig. Bei der Produktion des Erzeugnisses soll das gesamte Material verbraucht werden.

Wieviele Erzeugniseinheiten können nach der ersten Technologie und wie viele Erzeugniseinheiten können nach der zweiten Technologie produziert werden?

25. Ermitteln Sie die Lösungsmengen der folgenden Gleichungssysteme aus drei Gleichungen mit drei Variablen mit einem schematisierten Verfahren:

a) I) $-4x_1 + 12x_2 + 16x_3 = 4$ c) I) $2x_1 + 4x_2 - 8x_3 = 12$

II) $2x_1 + 3x_2 + x_3 = 7$ II) $3x_1 + 6x_2 - 12x_3 = 18$

III) $-6x_1 - 9x_2 + 12x_3 = -6$ II) $-4x_1 - 8x_2 + 16x_3 = -24$

b) I) $2x_1 + 3x_2 + 4x_3 = 20$ d) I) $5x_1 - 15x_2 + 10x_3 = 1$

II) $3x_1 + 4x_2 + 5x_3 = 26$ II) $-6x_1 + 18x_2 - 12x_3 = 2$

III) $6x_1 + 8x_2 + 10x_3 = 52$ II) $-7x_1 + 21x_2 - 14x_3 = 0$

Lösungen der Aufgaben zur Selbstüberprüfung

1. a) $2x - 7 \neq 0, \quad x \neq \frac{7}{2}$

   b) $-2x + 5 \geq 0, \quad x \leq \frac{5}{2}$

   c) $-3x - 5 > 0, \quad x < -\frac{5}{3}$

2. a) für $x = 2$ falsche Aussage, für $x = -10$ wahre Aussage

   b) für alle $x \in \mathbb{R}$, $y \in \mathbb{R}$ wahre Aussage

   c) falsche Aussage für $x \neq 0$

3. $x > -7$ und $x \neq 0$

   $D(S) = (-7, +\infty)$, $D(T) = (-\infty, 0) \cup (0, +\infty)$, $D(S \cap T) = (-7, 0) \cup (0, +\infty)$

4. Alle Gleichungen haben die Lösungsmenge $L = \{2\}$.

5. a) $L = \{7\}$ b) $L = \{13\}$ c) $L = \{-4\}$ d) $L = \left\{\frac{10}{4}\right\}$ e) $L = \{40\}$ f) $L = \left\{\frac{1}{3}\right\}$

6. a) $L = \left\{-\frac{11}{2}\right\}$ b) $L = \left\{\frac{53}{82}\right\}$ c) $L = \{0\}$ d) $L = \{5\}$

7. x_1: Erzeugniseinheiten, die von E_1 produziert werden, gemessen in EE

   x_2: Erzeugniseinheiten, die von E_2 produziert werden, gemessen in EE

   r_1: Rohstoffbedarf pro einer Erzeugniseinheit von E_1, gemessen in ME/EE

   r_2: Rohstoffbedarf pro einer Erzeugniseinheit von E_2, gemessen in ME/EE

   $r_1 * x_1 + r_2 * x_2 = 800$

   $600 + 10 * x_2 = 800, \quad x_2 = 20$

   Von Erzeugnis E_2 müssen 20 EE produziert werden, um das Rohstoffaufkommen voll auszuschöpfen.

8. G/EK = 990 000/900 000 = 99 : 90 = 1,1 : 1.

   Die erzielte Eigenkapitalrentabilität beträgt 1,1.

   Pro 1,– DM eingesetztem Eigenkapital werden 1,10 DM Gewinn erzielt.

9. x_1: Preis der Ware W_1

   x_2: Preis der Ware W_2

   $x_1 : x_2 = 5 : 8, \quad x_1 = (5 : 8) * x_2, \quad x_1 = (5 : 8) * 40, \quad x_1 = 25.$

   Die Ware W_1 kostet 25,– DM.

10. a) $L = \left\{\frac{50}{3}\right\}$ b) $L = \left\{-\frac{8}{9}\right\}$ c) $L = \left\{-\frac{1}{3}\right\}$

11. $P : G = p : 100$

    a) $p = (P : G) * 100$, $p = 2{,}5$ (in Prozent)

    b) $P = (p : 100) * G$, $P = 1\,500$

    c) $G = (P : p) * 100$, $G = 100\,000$

12. a) $L = \left\{-\frac{5}{2}, \frac{5}{2}\right\}$ b) $L = \left\{\frac{1}{2}\right\}$

13. a) $x_1 = 6,\ \ x_2 = -6,\ \ L = \{-6, 6\}$ b) $L = \phi$ c) $L = \{0\}$ d) $L = \left\{0, \frac{3}{2}\right\}$

e) $L = \{-1, 7\}$ f) $L = \{-5, 3\}$ g) $L = \phi$ h) $L = \{-1, 3\}$

14. $n(n+1) = 9\,900,\ \ n^2 + n - 9\,900 = 0,\ \ n_1/n_2 = -\frac{1}{2} \pm \sqrt{\frac{1}{4} + 9\,900} = -\frac{1}{2} \pm \frac{199}{2}$

$n_1 = 99$. Das Produkt der natürlichen Zahl 99 und ihres Nachfolgers beträgt 9 900.

15. a) $x < 6,\ \ L = (-\infty, 6)$ b) $x > -\frac{2}{3},\ \ L = \left(-\frac{2}{3}, +\infty\right)$ c) $x < 8,\ \ L = (-\infty, 8)$

16. 1. Fall:

$$\begin{aligned} x - 1 &> 0 \\ x &> 1 \\ 6 &< -3(x-1) \\ x &< -1, \\ L_1 &= (-\infty, -1) \cap (1, +\infty) \\ L_1 &= \phi \end{aligned}$$

2. Fall:

$$\begin{aligned} x - 1 &< 0 \\ x &< 1 \\ 6 &> -3(x-1) \\ x &> -1, \\ L_2 &= (-\infty, 1) \cap (-1, +\infty) \\ L_2 &= (-1, 1) \end{aligned}$$

Ergebnis: $L = L_1 \cup L_2 = (-1, 1)$

17. x_1 = Anzahl der produzierten Erzeugnisse E_1 in Stück,

x_2 = Anzahl der produzierten Erzeugnisse E_2 in Stück,

$$\begin{aligned} 20x_1 + 30x_2 &\leq 45\,000 \\ 20 * 1\,000 + 30x_2 &\leq 45\,000 \\ 30x_2 &\leq 25\,000 \\ x_2 &\leq \frac{24\,990 + 10}{30} \\ x_2 &\leq 833 + \frac{1}{3} \end{aligned}$$

Probe: $20\,000 + 30\left(833 + \frac{1}{3}\right) \leq 45\,000$

$20\,000 + 24\,990 + 10 \leq 45\,000$ ist eine wahre Aussage.

Von Erzeugnis E_2 können höchstens 833 Stück produziert werden. Es sind noch zehn Mengeneinheiten des Rohstoffes zur weiteren Verwendung vorhanden.

18. Durch äquivalente Umformungen entsteht das Ungleichungssystem:

I': $x > 6$

II': $x < -3$

Die Lösungsmengen der beiden Ungleichungen sind:

$L(I') = \{x \in \mathbb{R} : 6 < x\} = (6, +\infty)$

$L(II') = \{x \in \mathbb{R} : x < -3\} = (-\infty, -3)$

Durch Veranschaulichung auf einer Zahlengeraden erkennt man, daß es keine reellen Zahlen gibt, die gleichzeitig Lösung von Ungleichung I' und von Ungleichung II' sein können. Die Durchschnittsmenge $L(I') \cap L(II')$ ist somit die leere Menge: $L = \phi$.

19. Gegeben: t_1 = Maschinenzeit von M_1 für die Produktion einer EE
$t_1 = 2\,h/EE$
t_2 = Maschinenzeit von M_2 für die Produktion einer EE
$t_2 = 3\,h/EE$
T_1 = gesamte Maschinenzeit von M_1
$T_1 = 10\,h$
T_2 = gesamte Maschinenzeit von M_2
$T_2 = 12\,h$

Gesucht: x = Anzahl der Erzeugniseinheiten, die maximal produziert werden können

Lösungsansatz:

I) $t_1 * x \leq T_1$	I) $2 * x \leq 10$	I') $x \leq 5$	$L(I') = [0, 5]$
II) $t_2 * x \leq T_2$	II) $3 * x \leq 12$	II') $x \leq 4$	$L(II') = [0, 4]$

Bei der Ermittlung der Lösungsmengen der Ungleichungen ist zu beachten, daß die Anzahl der Erzeugniseinheiten stets nicht negativ ist, das heißt $x \geq 0$.

Die Lösungsmenge des Ungleichungssystems ist die Durchschnittsmenge der Lösungsmengen beider Ungleichungen:

$L = L(I') \cap L(II') = [0, 4]$.

Anwortsatz:

Es können höchstens vier Erzeugniseinheiten produziert werden. Da $2 * 4 + 2 = 10$ und $3 * 4 + 0 = 12$, ist Maschine M_1 nicht voll ausgelastet bei der Produktion des Erzeugnisses. M_1 hat eine freie Kapazität von 2 h.

20. a) I) $x_2 = 2x_1 - 5$
II) $x_2 = -3x_1 + 1$

$2x_1 - 5 = -3x_1 + 1$
$5x_1 = 6$
$x_1 = \frac{6}{5}, \quad x_2 = -\frac{13}{5}$

$L = \left\{\left(\frac{6}{5}, -\frac{13}{5}\right)\right\}$

b) I) $x_1 = 2x_2 + 3$
II) $x_1 = 2x_2 + 3$

$2x_2 + 3 = 2x_2 + 3$
$0 = 0$ wahre Aussage

$L = \{(x_1, x_2) : x_2 \in IR \text{ und } x_1 = 2x_2 + 3\}$

c) I) $x_2 = -2x_1 + 4$
II) $x_2 = -2x_1 - 1$

$-2x_1 + 4 = -2x_1 - 1$
$4 = -1$ falsche Aussage

$L = \phi$

21. a) I) $x_2 = 5x_1 - 4$
II) $-15x_1 + 3(5x_1 - 4) = 3$
II) $-12 = 3$ falsche Aussage $L = \phi$

b) II) $x_1 = 2x_2 - 3$
I) $-13(2x_2 - 3) + 26x_2 = 39$
I) $39 = 39$ wahre Aussage

$L = \{(x_1, x_2) : x_2 \in IR \text{ und } x_1 = 2x_2 - 3\}$

c) II) $x_1 = 2x_2 + 5$

I) $-5(2x_2 + 5) + 20x_2 = 25$

I) $10x_2 = 50$

I) $x_2 = 5$

II) $x_1 = 15 \quad L = \{(15, 5)\}$

22. a) Die erste Gleichung wird mit 3 multipliziert und zur zweiten Gleichung addiert. Es entsteht die wahre Aussage 0 = 0. $L = \left\{(x_1, x_2) : x_1 \in \mathbb{R} \text{ und } x_2 = \frac{4}{7} * x_1 + \frac{5}{7}\right\}$.

b) Die erste Gleichung wird mit (–3) und die zweite Gleichung wird mit (2) multipliziert. Dann werden beide Gleichungen addiert.

I) $-6x_1 + 21x_2 = -12 \qquad 9x_2 = 18$

II) $6x_1 - 12x_2 = 30 \qquad x_2 = 2$

Die Lösung für x_2 wird in eine Gleichung eingesetzt, zum Beispiel

$2x_1 - 14 = 4$, das heißt $x_1 = 9$

$L = \{(9, 2)\}$

c) Multiplikation der ersten Gleichung mit 6 und Addition beider Gleichungen.

$0 = 80$ falsche Aussage, $L = \phi$.

23. x_1: erste reelle Zahl

x_2: zweite reelle Zahl

I) $3x_1 + \frac{1}{2} * x_2 = 51$

II) $x_1 - x_2 = 10$

Anwendung des Additionsverfahrens, indem die zweite Gleichung mit (– 3) multipliziert wird und zur ersten Gleichung addiert wird.

$\frac{7}{2} * x_2 = 21$, das heißt $x_2 = 6$

$x_1 = 16 \qquad L = \{(16, 6)\}$

Die erste Zahle heißt 16 und die zweite Zahl 6.

24. Gegeben:

m_{11}: Materialeinsatzkoeffizient von Material M_1 bei Anwendung der ersten Technologie,

m_{11} = 2 ME/EE

m_{12}: Materialeinsatzkoeffizient von Material M_1 bei Anwendung der zweiten Technologie,

m_{12} = 12 ME/EE

m_{21}: Materialeinsatzkoeffizient von Material M_2 bei Anwendung der Technologie 1,

m_{21} = 3 ME/EE

m_{22}: Materialeinsatzkoeffizient von Material M_2 bei Anwendung der Technologie 2,

m_{22} = 6 ME/EE

V_1: Materialvorrat von M_1,

V_1 = 94 ME

V_2: Materialvorrat von M_2,

V_2 = 57 ME

Gesucht:

x_1: Erzeugnisse, die nach Technologie 1 hergestellt werden (gemessen in Erzeugniseinheiten)

x_2: Erzeugnisse, die nach Technologie 2 hergestellt werden (gemessen in Erzeugniseinheiten)

Aufstellung des Gleichungssystems:

$$\begin{array}{lrcrcl} \text{I)} & m_{11} * x_1 & + & m_{12} * x_2 & = & V_1 \\ \text{II)} & m_{21} * x_1 & + & m_{22} * x_2 & = & V_2 \\ \hline \text{I)} & 2 * x_1 & + & 12 * x_2 & = & 94 \\ \text{II)} & 3 * x_1 & + & 6 * x_2 & = & 57, \\ \hline & & & -4 * x_1 & = & -20 \\ & & & x_1 & = & 5 \\ & & & x_2 & = & 7 \end{array}$$

Multiplikation der zweiten Gleichung mit (– 2) und Addition der Gleichungen

$L = \{(5, 7)\}$

Um das gesamte Material zu verbrauchen, müssen nach der ersten Technologie fünf Erzeugniseinheiten und nach der zweiten Technologie sieben Erzeugniseinheiten produziert werden.

25. a)

x_1	x_2	x_3	b	– ↑	
(–4)	12	16	4	*	
2	3	1	7	–2	Tableau 1
–6	–9	12	–6	6	
1	–3	–4	–1	3	
0	(9)	9	9	*	Tableau 2
0	–27	–12	–12	27	
1	0	–1	2	1	
0	1	1	1	–1	Tableau 3
0	0	15	(15)	*	
1	0	0	3		
0	1	0	0		Tableau 4
0	0	1	1		

$L = \{(3, 0, 1)\}$

b)

x_1	x_2	x_3	b	– ↑	
(2)	3	4	20	*	
3	4	5	26	–3	Tableau 1
6	8	10	52	–6	
1	$\frac{3}{2}$	2	10	$-\frac{3}{2}$	
0	($-\frac{1}{2}$)	–1	–4	*	Tableau 2
0	–1	–2	–8	1	
1	0	–1	–2		
0	1	2	8		Tableau 3
0	0	0	0	wahre Aussage	

$$\begin{aligned} x_1 \qquad - x_3 &= -2 \\ x_2 + 2x_3 &= 8 \end{aligned}$$

$L = \{(x_1, x_2, x_3) : x_3 \in \mathbb{R} \text{ und } x_1 = x_3 - 2 \text{ und } x_2 = -2x_3 + 8\}$

c)

x_1	x_2	x_3	b	$-\uparrow$	
(2)	4	−8	12	*	
3	6	−12	18	−3	Tableau 1
−4	−8	16	−24	4	
1	2	−4	6		
0	0	0	0	wahre	Tableau 2
0	0	0	0	Aussagen	

$x_1 \ +2x_2 - 4x_3 = 6$

$L = \{(x_1, x_2, x_3) : x_2 \in \mathrm{IR} \text{ und } x_3 \in \mathrm{IR} \text{ und } x_1 = -2x_2 + 4x_3 + 6\}$

d)

x_1	x_2	x_3	b	$-\uparrow$	
(5)	−15	10	1	*	
−6	18	−12	2	6	Tableau 1
−7	21	−14	0	7	
1	−3	2	$\frac{1}{5}$		
0	0	0	$\frac{16}{5}$		Tableau 2
0	0	0	$\frac{7}{5}$	falsche Aussagen	

$L = \phi$

Stichwortverzeichnis